Orientierungshilfen

D1671275

© FN, Verlag der Deutschen Reiterlichen Vereinigung GmbH
1983
Herstellung: Schnell-Druck, Oststraße 24, 4110 Warendorf 1
ISBN 3-88542-037-6

EINGEGANGEN

5. DEZ 1987

Orientierungshilfen für die Planung und den Bau von Reitanlagen und Reitwegen

3., neubearbeitete Auflage

1983

Herausgeber: Deutsche Reiterliche Vereinigung e.V.

Diese Schrift wurde von dem Arbeitskreis »Reitanlagen und Stallbau« der DEUTSCHEN REITERLICHEN VEREINIGUNG E.V. (FN), 4410 Warendorf 1, erarbeitet.

Diesem Arbeitskreis gehören folgende Mitglieder an:

Für die nachstehenden Institute

Claus, Hans-Gunter, Prof. Dr., 3400 Göttingen, Gutenbergstraße, Institut für Landtechnik.

Knauf, Hans-Peter, Pfaffenwaldring 4, 7000 Stuttgart 80, Forschungs- und Materialprüfungsanstalt Baden-Württemberg, »Otto-Graf-Institut«

Schnitzer, Ulrich, Prof. Dr., 7500 Karlsruhe, Institut für Orts-, Regional- und Landesplanung der Universität Karlsruhe

Tietz, Helmut, Dipl.-Ing., Hertzstraße 1, 5000 Köln 40, Bundesinstitut für Sportwissenschaft, Fachbereich Sport- und Freizeitanlagen

Marten, Jens, Dipl.-Ing., Bartningstraße 49, 6100 Darmstadt-Kranichstein, Kuratorium für Technik und Bauwesen in der Landwirtschaft

Für die nachstehenden Firmen

H. Dallmer, Wiebelsheide 25, 5760 Arnsberg 16

Evers, Wilfried, Beregnungsanlagen, Kyotostraße 21, 5000 Köln 1

Jahncke, Jürgen Bernd, i.Fa. JUTTA JAHNCKE, 2907 Großenkneten 3 – Huntlosen

Kirst, Hans, HANS KIRST KG, 5581 Irmenach/Hunsrück

Koslowski, Paul, Dipl.-Ing., BAUGRUPPE KIRSCHNER, Münsterstraße 200, 4408 Dülmen

Klosse, Dieter, Dr., Westdeutsche Quarzwerke Dr. Müller GmbH, Kirchhellener Allee 53, 4270 Dorsten

Krüger, Willi, Dipl. rer. pol., WILLI KRÜGER KG, Preußenstraße 56, 4030 Ratingen 6

Muhle, Kai, SYSTEM ING. HOLZBAU GMBH, 2131 Ahausen 92

SCHÖTTSTALL, Inh. Dipl.-Ing. (FH) H. Siegel, Postfach 1144, 8874 Leipheim

Staniewski, Eugen, JOHS. FUCHS KG, Postfach 1340, 7257 Ditzingen

Von der Deutschen Reiterlichen Vereinigung berufen

Haversiek, Gerhard, Ellernhorst 33, 4905 Spenge

Helbing, Wilhelm-J., Prof. Dipl.-Ing., Elsa-Brändström-Straße 40, 4200 Oberhausen 1

Peppler, Helmut, Emmastraße 54, 2800 Bremen

Peiss, Franz-Karl, Mathildenstraße 6, 4100 Duisburg-Hamborn

Röller, Eugen, Am Sonnenhang 32, 5910 Kreuztal-Eichen

Schlüter, Helmut, Dr., Birkenstraße 9, 6104 Seeheim-Jugenheim 2

Geschäftsführung und Redaktion

Burandt, Ernst, Dr., Warendorf
Wagner, Hans-Dietrich, Dr., Warendorf

4

Inhaltsverzeichnis

Einführung

Im Jahre 1974 konnte die DEUTSCHE REITERLICHE VEREINIGUNG (FN) mit der ersten Auflage ihrer »Orientierungshilfen für die Planung und den Bau von Reitanlagen« eine Lücke schließen, die sich immer fühlbarer bemerkbar gemacht hatte. Es gab damals für diesen Fachbereich nur wenig einschlägige Literatur. Bereits drei Jahre später mußten die »Orientierungshilfen«, der regen Nachfrage folgend, neu aufgelegt werden. Die jetzt vorliegende 3. Auflage berücksichtigt die zwischenzeitliche technische Entwicklung.

Die Orientierungshilfen können und wollen kein erschöpfendes Kompendium der Bautechnik auf diesem weiten Gebiet sein. Sie sind jedoch ein wertvoller Ratgeber aller Reitbetriebe, insbesondere der Reitervereine. Je vielfältiger das technische Angebot auf dem Markt ist, umso schwerer wird es für den Bauherrn, die erforderliche Übersicht zu behalten.

Es gibt unverzichtbare Erfahrungen auf dem Gebiet des Baues von Reitanlagen. Auf der Grundlage dieser Erfahrungen sind der Phantasie der Bauherren keine Grenzen gesetzt. Eine noch größere Box ist allemal besser als die nachstehend angegebenen Mindestnormen. Es ist darauf verzichtet worden, »Traumanlagen« zu entwerfen oder abzubilden. Es gibt solche Anlagen, und das ist gut so. Unsere Vereine werden jedoch stets extrem wirtschaftlich denken und planen müssen. Umso größer ist daher die Notwendigkeit, den Bauherren Daten an die Hand zu geben, die im Interesse der Funktionsfähigkeit unserer Anlagen, ihrer Unfallsicherheit und ihrer tierschutzgerechten Ausführung unverzichtbar sind. Diesem Anliegen dienen unsere »Orientierungshilfen«.

Dank gebührt den Mitgliedern des FN-Arbeitskreises »Reitanlagen und Stallbau«, die an dieser Schrift mitgearbeitet und ihr Wissen und Können zur Verfügung gestellt haben.

Graf Landsberg-Velen

- Präsident -

1. Reitervereine — Informationen und Prognosen

Seit dem Jahre 1959 erhöht sich laufend die Zahl der Reitervereine, verzeichnen sie einen stetigen Mitgliederzuwachs.

Ihnen gehörten an:

1.1.1973	1.1.1977	1.1.1981
259340	387828	487985

Mitglieder, darunter nahezu 50% unter 21 Jahren.

Nach einer Sondererhebung aus dem Jahre 1973 widmet sich die größte Mitgliedergruppe, nämlich 41,6% dem Freizeitsport — 2/3 von ihnen reiten regelmäßig; die Voltigierkinder stellen 10,1%, die jugendlichen Ponyreiter 5%; 6,2% widmen sich dem Turniersport, 36,1% sind passive, fördernde Mitglieder.

Der Trend wird weiter anhalten. Man darf davon ausgehen, daß schon in naher Zukunft ein Prozent der Bevölkerung der Bundesrepublik Deutschland die Mitgliedschaft in einem Reit- und Fahrverein der FN-Organisation besitzt. Hinzu kommt die Zahl der nicht organisierten Freizeitreiter, die vielfach Kunden der gewerblichen Reitbetriebe sind.

Nach der o.a. Sondererhebung aus dem Jahre 1973 zählen 68% aller Vereine nicht mehr als 200 Mitglieder, haben nur 6% aller Vereine mehr als 400 Mitglieder. Auch dieser Trend wird anhalten. Vorherrschend wird immer der überschaubare, kleine Reiterverein mit ca. 250 Mitgliedern sein. Vereine dieser Größenordnung lassen sich noch ehrenamtlich führen, verfügen auch in der Regel nicht über einen hauptamtlichen Reitlehrer. Die Ausbildungsarbeit liegt hier beim nebenamtlich tätigen Reitwart und Amateurreitlehrer. Dadurch evtl. bedingte Schwächen im Ausbildungswesen lassen sich nur durch entsprechende Aktivierung der Kreisreiterverbände und Kooperation mit Nachbarvereinen ausgleichen. Vielfach sind die Kreisreiterverbände auf diese Aufgabe allerdings noch nicht hinreichend vorbereitet. Die Stärkung der Kreisreiterverbände ist daher eine wichtige Gemeinschaftsaufgabe der FN-Organisation.

2. Standortfaktoren und Flächenbedarf

Der Bau einer Reitanlage ist mit großen Investitionen verbunden. Sie lassen sich nur rechtfertigen, wenn die Anlage dann auch optimal ihrer Zweckbestimmung gemäß genutzt wird. Nicht früh genug kann man sich daher mit der Frage beschäftigen, wie groß muß sie sein und welche Aufgaben sollen in der Reitanlage erfüllt werden. Wie die Vergangenheit lehrt, ist man bislang diesen Fragen nicht mit der notwendigen Intensität nachgegangen. Viele Anlagen sind zu klein, manche wurden aus wirtschaftlichen Gründen zweckentfremdet und gingen dem Sport verloren.

2.1 Ausreitgelände

Eine Reitanlage soll in möglichst unmittelbarer Verbindung zu geeignetem Ausreitgelände stehen. Lange Ausreitwege durch Siedlungsgebiet beeinträchtigen den Betriebsablauf und kosten zusätzlich Zeit für das Lehrpersonal. In verdichtet besiedelten Gebieten oder größeren Gemeinden werden sich Berührungspunkte der Reitstrecken mit dem Siedlungsgebiet nicht vermeiden lassen. Hier ist auf die Ausweisung von Reitwegen, die in die freie Landschaft führen, besonders zu achten.

2.2 Sicherheit

Kreuzungen der Wege zum Ausreitgelände mit Umgehungsstraßen, Schnellstraßen etc. sind Gefahrenpunkte.»Selbständig« gewordene und durchgehende Pferde galoppieren in den Stall zurück.

2.3 Erreichbarkeit

Die Erreichbarkeit einer Reitanlage – mit öffentlichen Verkehrsmitteln, für Kinder mit Fahrrad, für PKW – ist ein Gesichtspunkt, der zumeist im Widerspruch zu der Forderung nach Anschluß an das Reitgelände steht. Er sollte vor allem im Hinblick auf Jugendliche und Kinder, die auf die öffentlichen Verkehrsmittel oder das Fahrrad angewiesen sind, bedacht werden.

2.4 Klima

Gebiete mit hoher Boden- und Luftfeuchtigkeit, wie sie häufig in Talsenken anzutreffen sind, und windstille Lagen erschweren in erheblichem Maße die erforderliche Lüftung. Hügellagen und vom Wind berührte Zonen sind zu bevorzugen.

2.5 Geländeneigung

Die Bewegung der Geländeoberfläche ist ein wichtiger Gesichtspunkt,da es mit zusätzlichem Kostenaufwand verbunden ist, wenn Stützmauern, Terrassierungen und Rampen erforderlich werden. Es sind jedoch Hanglösungen für Reitanlagen grundsätzlich möglich. Die Hangneigung sollte dabei im Bereich der Gebäude und Reitplätze 10% nicht übersteigen.

2.6 Bodenverhältnisse

Auch die Bodenverhältnisse beeinflussen entscheidend die Kosten vor allem der Außenanlagen. Wasserundurchlässiger, bindiger Boden, Standorte mit stauender Nässe etc. erhöhen den erforderlichen Aufwand für Dränage und Bodenaufbau der Reitplätze einschneidend.

2.7 Flächenbedarf

Reitanlagen weisen einen nicht unerheblichen Flächenbedarf auf. Die gegenwärtig (Anfang 1982) vorliegende Ergänzung der aus dem Jahre 1976 stammenden III. Fassung der Richtlinien für die Schaffung von Erholungs-, Spiel- und Sportanlagen der Deutschen Olympischen Gesellschaft nennt für die Grundstücksgröße folgende Richtmaße:

Sportflächen
Reithalle 20 x 40 − Mindestmaß von Bande zu Bande gemessen
(Anm.: Es empfiehlt sich, von vornherein eine Erweiterungsmöglichkeit auf 20 x 60 m vorzusehen. Optimal ist es, wenn darüber hinaus in der Länge und Breite je 5 m hinzugenommen werden, damit um ein in der Halle befindliches Dressurviereck herumgeritten werden kann. Allerdings ist die Vergrößerung der freitragenden kurzen Seite einer Halle stets am teuersten.) $800-1200 \, m^2$
Viereck 20 x 60 m $1200 \, m^2$
(Anm.: Die Fläche ist die Netto-Reitfläche. Beim Gesamtflächenbedarf sind die erforderlichen Randstreifen − s. Kapitel 3.1 mit Skizze − zu berücksichtigen).
Offener Zirkel ca. $400 \, m^2$
Voltigierfläche (nach Möglichkeit überdacht) ca. $400 \, m^2$
Springplatz 40 x 60 m (Mindestmaß) $2400 \, m^2$
(Anm.: Besser 50 x 80 m; denn gem. LPO § 51 sind für LP der Kat. A bereits 4000 m^2 mit einer Mindestbreite von 50 m vorgeschrieben.)

Nebenflächen
Für die erforderlichen Nebenflächen ist ein Zuschlag von ca. 90 − 100% anzusetzen.Sie umfassen alle Einrichtungen und Flächen, die für eine ordnungsgemäße Nutzung der Gesamtanlage erforderlich sind: Stallungen, Betriebs- und Wirtschaftsräume, Vorplätze und Stellplätze.
Ein annähernd gleichgroßer Flächenanteil wird darüber hinaus für die Einrichtung der notwendigen Ausläufe, Weiden und Paddocks erforderlich.
Diese Richtmaße beziehen sich auf den Einzugsbereich einer Bevölkerung von ca.

25000 Menschen, von denen ca. 1% Reitsport betreiben möchten. Der durch diese Richtmaße skizzierte Reitbetrieb entspricht etwa dem Durchschnitt der gegenwärtigen Vereins-Reitanlagen. Bei sachgemäßer Betriebsführung läßt sich hier auch auf gewerblicher Basis ein angemessener Betriebserfolg realisieren.

Bei steigender Nachfrage gestattet die Flächenreserve (soweit dem baurechtlich keine Bestimmungen entgegenstehen) eine Kapazitätsaufstockung um bis zu 50%. Wichtig wäre dabei der volle Ausbau der offenen Reitplätze (Unterbau mit Dränung, Trag- und Tretschicht), die, mit Beleuchtung versehen, auch bei ungünstiger Witterung bis in die späten Abendstunden genutzt werden können.

Bei der Projektierung neuer Reitanlagen sollte man daher entweder von vornherein an eine große Fläche bis zu 5 ha denken oder aber gleich den vollen Ausbau der offenen Reitplätze in die Planung der ersten Baustufe einbeziehen. Diese Überlegungen sind auch ratsam vor Übernahme einer flächenmäßig begrenzten fertigen Anlage.

2.8 Folgekosten

Wer eine Reitanlage errichten will, muß schon bei der Vorplanung nicht nur die entsprechenden Baukosten, sondern auch die späteren Betriebskosten der Anlage berücksichtigen. Größe, Gestaltung und Zuordnung der einzelnen Bauteile und Einrichtungen wirken sich hier ganz außerordentlich aus. Nähere Angaben zu diesen Fragen enthält die Betriebswirtschaftslehre für Reitbetriebe, die gleichfalls im FN-Verlag bezogen werden kann (siehe Literaturverzeichnis).

3. Reitplätze

3.1 Größe, Abgrenzung

Das Mindestmaß eines Reitplatzes beträgt netto (reine Reitfläche) 20 x 40 m. Bei Dressur ab Klasse M und für Vielseitigkeitsprüfungen wird eine Reitfläche von 20 x 60 m verlangt.

Neben der reinen Reitfläche sollte ein zusätzlicher bereitbarer Randstreifen an den Seiten von mind. 3,0 m und am Einritt von mind. 5,0 m vorgesehen werden, so daß der 20 x 40 m-Platz eine Bruttogröße von 26 x 48 m hätte.

Für die Veranstaltung von Turnieren ist ein Mindestabstand der Zuschauer vom Hufschlag von 5 m (bei internationalen Prüfungen 20 m) bei der Planung des Platzes zu berücksichtigen. Ebenso ist ggf. Raum für Richterkabinen einzuplanen.

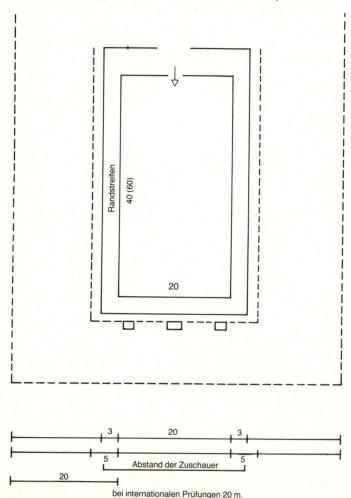

Die Einfriedung eines Reitplatzes soll aus Sicherheitsgründen möglichst stabil und achtunggebietend sein. Sie soll geeignet sein, Pferde am Ausbrechen zu hindern. Wo die Einfriedung zugleich die Abgrenzung zu den Zuschauern bildet, ist eine Höhe von 1 m − 1,20 m zu empfehlen.

Bei Dressurprüfungen ist die reine Reitfläche zusätzlich zu markieren. Als Markierung haben sich weißgestrichene bewegliche Gatter gem. nachstehender Skizze bewährt.

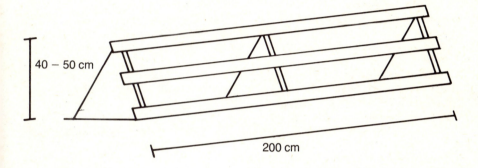

40 − 50 cm

200 cm

3.2 Beleuchtung

Der Gebrauchswert eines Außenplatzes erhöht sich wesentlich durch die Installation einer künstlichen Beleuchtung (Entlastung der Reithalle auch in der dunklen Jahreszeit). Blendwirkung der Strahler ist zu vermeiden. Entsprechende Anschlußwerte der Stromleitung sind bei der Planung zu berücksichtigen.

3.3 Allgemeine Grundsätze für den Reitplatzboden

Der gewachsene, nicht zu schwere Naturboden ist für die Arbeit mit dem Pferd das Beste. Innerhalb der Reitanlagen findet man ihn aber nur noch sehr selten. In der Regel ist ein Naturboden einer sehr starken Beanspruchung nicht gewachsen. Das sollte schon bei der Wahl des Standortes bedacht werden. Ein Naturboden läßt sich bei sachgemäßer Pflege nur dann erhalten, wenn eine entsprechend große Fläche zum Reiten zur Verfügung steht, auf der sich die Pferde verteilen können. Da Flächen in dieser Größe nur in den seltensten Fällen vorhanden sind, ist es erforderlich, hinreichend große offene Reitplätze künstlich anzulegen. Derartige Plätze sollten von vornherein ebenso eingeplant werden wie die Reithalle selbst und die dazugehörigen Stallungen!

Das Bundesinstitut für Sportwissenschaft hat sich der Frage angenommen, wie offene Reitplätze zweckmäßigerweise gebaut werden. Ferner hat das Otto-Graf-Institut in Stuttgart einen Forschungsauftrag über verschiedene Reitbahnbeläge durchgeführt, auf den sich viele Aussagen in diesem Kapitel stützen. Hinzutreten wichtige Hinweise aus der einschlägigen Industrie sowie Erfahrungen aus der eigenen Organisation.

3.4 Reiterliche Anforderungen an den Reitplatzboden

Der Boden der offenen Reitplätze und in der Halle muß gleichermaßen locker und **trittfest** sein. Ferner sollte der Belag bei Trockenheit nicht stauben. Bei Nässe dürfen sich keine Stollen unter den Hufen bzw. im Hufstrahl bilden. Damit der Platz witterungsunabhängig benutzbar ist, muß er außerdem gut **wasserdurchlässig** sein und darf sich insbesondere in seiner Trittfestigkeit bei Regen nicht wesentlich ändern.

Der Belag soll eine gewisse Nachgiebigkeit besitzen, damit die Beanspruchung des Bewegungsapparates der Tiere vermindert wird. Andererseits darf der Reitplatzbelag nicht **tiefgründig** sein. Das äußert sich in tiefem Einsinken der Hufe, erschwertem Gehen und schnellerer Ermüdung der Pferde. Die Oberfläche des Reitplatzbelages soll nicht zu sehr zur Hufschlagbildung neigen. Der Baustoff der Belagsoberfläche (Tretschicht) soll möglichst schwer verrotten und nicht zu schnell durch die Hufe zerkleinert werden.

Darüber hinaus soll jeder Reitplatzbelag mit einem geringen Arbeits- und Kostenaufwand gepflegt werden können. Aus wirtschaftlicher Sicht müssen die Herstellungskosten so gering wie möglich sein.

Das **Springreiten** ist hinsichtlich seiner Auswirkung auf den Reitplatzbelag dadurch gekennzeichnet, daß bei Ab- und Aufsprung vor und hinter Hindernissen enorme Kräfte auf den Belag ausgeübt werden. Auf der einen Seite muß dieser also einen sicheren und möglichst wenig kraftzehrenden Absprung und eine **elastische** Landung gewährleisten, auf der anderen Seite muß er jedoch gleichzeitig den großen Beanspruchungen durch die Hufe standhalten.

3.5 Technische Anforderungen an den Boden offener Reitplätze

Bei der Erstellung offener Reitplätze wird den reiterlichen Anforderungen bestmöglich Rechnung getragen, wenn diese nach folgendem Prinzip gebaut werden:

    Tretschicht
    gebundene Tragschicht
    ungebundene Tragschicht
    verbesserter Baugrund bzw. Unterbau
    Baugrund

Die Eigenschaften der vorstehend aufgeführten Schichten müssen technisch aufeinander abgestimmt sein.

3.5.1 Tretschicht

Die Tretschicht ist die oberste Schicht eines Reitplatzes, in bzw. auf der die Pferde gehen.

Die Forderung nach einer lockeren Oberschicht des Reitplatzes kann nur durch die Verwendung rolliger Baustoffe erfüllt werden, bei denen keine Klebekräfte zwischen den Baustoffteilchen wirken (nichtbindige Böden).

Je nach Art der verwendeten Baustoffe ergeben sich mehr oder weniger lockere Schichten. Das hängt sowohl von der Mischung, der Korngrößenverteilung und der Lagerungsdichte ab, die sich beim Begehen oder Beregnen einstellt. Besonders lockere Tretschichten bestehen aus körnigen Gatterspänen (von Hobelzahnsägen) und natürlich gerundeten Sanden (Natursand, kein Brech- oder Quetschsand), besonders feste Tretschichten aus leicht schluffigen Feinsanden (Sanden mit Tonanteil) und Lehm-Schlackegemischen (Kesselschlacke von Rostfeuerungen, keinesfalls glasige Schlackengranulate).

Als **Standard** wird eine ca. 10 cm dicke Tretschicht empfohlen, die aus 5 Volumenteilen Sand der Körnung 0,1 bis 3 mm und 4 Volumenteilen Gatterspäne von Nadelhölzern (kein Hartholz) besteht. Die Korngrößenverteilungen können den nachfolgenden Diagrammen entnommen werden.

Tretschicht Sand-Komponente

Bereich für Größenverteilungskurven

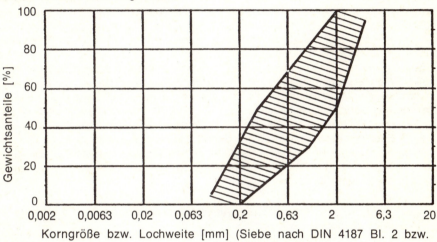

Korngröße bzw. Lochweite [mm] (Siebe nach DIN 4187 Bl. 2 bzw. DIN 4188 Bl. 1)

Tretschicht Gatterspäne-Komponente

Bereich für Größenverteilungskurven

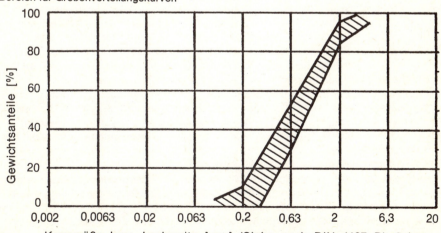

Korngröße bzw. Lochweite [mm] (Siebe nach DIN 4187 Bl. 2 bzw. DIN 4188 Bl. 1)

3.5.2 Tragschicht

Die Tragschicht bildet – wie aus dem Namen hervorgeht – eine standfeste Unterlage für die Tretschicht. Dazu reicht der Baugrund bzw. der Unterbau in der Regel nicht aus, da hier nur in besonderen Fällen Böden oder Erdbaustoffe vorliegen, die eine ausreichende und witterungsunabhängige Festigkeit und Wasserabführung aufweisen. Bei der Tragschicht unterscheidet man einen gebundenen oberen und einen ungebundenen unteren Teil.

Durch eine ausreichende Standfestigkeit muß gewährleistet sein, daß die Oberfläche der Tragschicht **eben** bleibt, wenn der Platz beritten oder mit Fahrzeugen zur Herstellung oder Pflege der Tretschicht und zum Transport von Hindernissen etc. befahren wird.

Die Tragschicht muß daher neben einem guten Verbund eine große **Festigkeit** aufweisen. Dies ist verständlicherweise insbesondere bei Springplätzen von großer Bedeutung, da es hier unvermeidlich ist, daß die Tretschicht in mehr oder weniger großen Bereichen durchgetreten wird, daß also die Hufe unmittelbar auf die Tragschichtoberfläche auftreffen und diese somit einer sehr hohen Beanspruchung ausgesetzt wird. Die Oberfläche der Tragschicht muß **rauh** sein oder eine Profilierung aufweisen, damit die Tretschicht nicht auf der Tragschichtoberfläche rutscht. Die Tragschicht sollte eine gewisse **Nachgiebigkeit** aufweisen, um die Aufprallkräfte beim Aufsetzen der Hufe zu verringern und den Belag für die Pferde angenehmer begehbar zu machen. Schließlich muß die Tragschicht den **Abfluß** von überschüssigem Regenwasser bei ausreichend befeuchteter Tretschicht ermöglichen.

Der **gebundene (obere) Teil der Tragschicht** kann wie folgt ausgeführt werden:
- als wassergebundene Tragschicht
- als bitumengebundene Tragschicht
- als zementgebundene Tragschicht
- als Pflastertragschicht
- mit zusätzlichem Einbau von Vliesen.

Wassergebundene Tragschichten bestehen ausschließlich aus mineralischen Baustoffen. Der Verbund wird durch Verzahnung der groben Körner und durch bindige Schluff- und Lehmbestandteile erreicht. Die gebundene Tragschicht soll ca. 6 bis 8 cm dick sein und aus Schlacke der Körnung 0 bis 18 mm sowie Lehm der Körnung 0 bis 2 mm bestehen. Dabei soll der Anteil des Lehms bei etwa 25 Vol-% liegen. Wegen der Kornverteilung wird auf das nachfolgende Diagramm auf S. 17 hingewiesen.

Bei den **bitumengebundenen Tragschichten** gibt es wasserdurchlässige und wasserundurchlässige Bauweisen. Ein gewünschtes elastisches Verhalten kann durch Beimischungen von Gummifasern, Gummi- oder Korkgranulat o. a. verbessert werden.

Als **zementgebundene Tragschicht** kommt lediglich »Einkornbeton« in Betracht, der wasserdurchlässig ist.

Pflastertragschichten können aus Ziegeln oder Betonverbundsteinen hergestellt werden. Bei Verwendung geeigneter Pflastersande ist eine ausreichende Wasserdurchlässigkeit gegeben. Bisher sind nur Dressurplätze mit Pflastertragschichten bekannt. Über die Eignung für Springplätze liegen keine Erfahrungen vor.

Mit **Vliesen** können Bodenschichten untereinander sicher getrennt werden. Sie sind wasserdurchlässig und in verschiedenen Stärken erhältlich.

Gebundene Tragschicht aus Schlacke-Lehm-Gemisch

Beispiel für Größenverteilungskurven (Reitplatz Becher, Bremen)

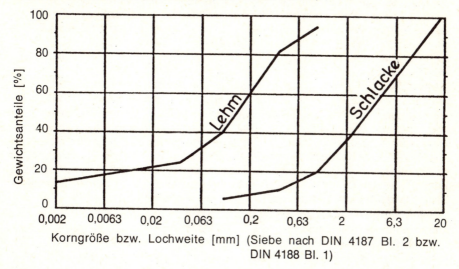

Korngröße bzw. Lochweite [mm] (Siebe nach DIN 4187 Bl. 2 bzw. DIN 4188 Bl. 1)

Neben einer druckverteilenden Aufgabe halten Geotextilien die Feinbestandteile der Tretschicht zurück, ohne anfallendes Niederschlagswasser an der Versickerung zu hindern. Dadurch bedingt bleiben die Hohlräume der Tragschichten offen und wasserführend. Die Vliesqualitäten werden nach Gewicht pro m^2 unterschieden. Zu empfehlen sind für Dressurplätze Vliese ab 300 g/m^2 und für Springplätze ab 500 g/m^2. Die Vliese werden in Bahnen bis zu etwa 6 m Breite verkauft. Bei Verwendung derartiger Vliese ist es erforderlich, die einzelnen Bahnen, je nach Material, zu überlappen und zu vernähen oder durch Verschweißen miteinander zu verbinden. Besonders wichtig ist auch die Verankerung der Vliesbahnen am Rande außerhalb des Reitplatzes, um dadurch das Hochwandern der einzelnen Lagen im Bereich des Hufschlages auszuschließen.

Nach einer Erprobung im DOKR-Bundesleistungszentrum in Warendorf haben sich Faservliese nicht besonders bewährt. Bessere Ergebnisse wurden im Rahmen der durchgeführten Untersuchungen mit Gewebevliesen erzielt. Bei Verwendung von Vlies im oberen Bereich ist eine tägliche Pflege der Tretschicht unerläßlich. Beim Parcoursspringen ist Harken nach jedem Sprung erforderlich.

Der **ungebundene (untere) Teil der Tretschicht** kann nach DIN 18035 Blatt 5 ausgeführt werden (z. B. mit Schotter oder Mineralbeton). Es kommen aber auch entsprechende Bauweisen nach TVT (Technische Vorschriften für Tragschichten der Forschungsgesellschaft für Straßenwesen, Köln) in Frage.

3.5.3 Baugrund, Unterbau und Entwässerung

Als Baugrund wird der natürlich anstehende Boden bezeichnet, auf dem ein Reitplatz erstellt wird. Aufschüttungen auf dem Baugrund stellen den jeweiligen Unterbau dar.

Dieser wird auf dem Baugrund entweder zum Zwecke des Geländehöhenausgleichs aufgebaut oder auch zur Erhöhung der Tragfähigkeit. Baugrund und Unterbau können in der oberen Zone mit Bindemitteln oder durch mechanische Verfestigung verbessert werden. Diese Zone wird dann verbesserter Unterbau bzw. Baugrund genannt. Die wesentlichsten Eigenschaften, die der Baugrund bzw. Unterbau erfüllen muß, sind: Standfestigkeit, Ebenheit, Wasserdurchlässigkeit bzw. Dränfähigkeit. Details für die technische Ausführung sind DIN 18035 – Sportplätze – Teil 5 – Tennenflächen und Teil 3 – Entwässerung – zu entnehmen.

Reitplätze werden heute vielfach gegenüber dem angrenzenden Boden um 35 bis 50 cm erhöht angelegt. Dadurch wird eine bessere Abführung anfallenden Oberflächen-wassers gewährleistet. Die Oberflächenentwässerung selbst erfolgt durch vertikales Versickern der Niederschläge und Abfluß auf dem stabilisierten Baugrundplanum zu einem allseitig an den Platzgrenzen verlegten Ringsammler. Anfang und Ende der Ring-sammler erhalten Kontrollschächte. Es ist darauf zu achten, daß die Sammler von den Kontrollschächten aus gespült werden können, um ein Zusanden zu vermeiden. Das Baugrundplanum kann mit Gefälle in verschiedenen Richtungen angelegt werden, siehe Schemaskizzen zur Anordnung der Dränage mit Gefällerichtung auf S. 19.

Der Aufwand für eine Dränage richtet sich nach den örtlichen Gegebenheiten. Es ist zu prüfen, ob die ungebundene Tragschicht – mindestens 15 bis 20 cm stark – so hohl-raumreich ist, daß sie jegliche Niederschläge aufnehmen und zu den Seiten ableiten kann. Bei ungünstigen Baugrundverhältnissen kann der Einbau einer zusätzlichen sammlers. Bei ungünstigen Baugrundverhältnissen kann der Einbau einer zusätzlichen Drän-/Filterschicht notwendig werden. Unter normalen Verhältnissen erübrigt sich der Einbau von Drän-/Sickerrohrleitungen unter der Platzfläche. Bei Plätzen ohne Gefälle ist dagegen der Einbau von Drän-/Sickerrohrleitungen notwendig. Die Drängräben ver-laufen im allgemeinen in einem Abstand zwischen 5 bis 10 m, bei einem Durchmesser der Dränrohre zwischen 65 bis 100 mm. Über die Dränleitungen – Sauger und Sammler – wird das gesamte anfallende Sickerwasser in einen Vorfluter geführt. Der Abstand der Sauger untereinander ist abhängig von der vorhandenen Bodenart. Die Einbautiefe der Dränleitungen soll möglichst gering sein, ca. 10 cm Anfangstiefe bis ca. 40 cm Endtiefe unter Baugrundplanum. Ein Gefälle von mindestens 0,3 % ist jedoch erforderlich. Gut bewährt hat sich eine sogenannte Flächendränage in Form einer Dränschicht, die aus 30 bis 40 cm Schlacke besteht. Die grobe Schlacke wird aufgebracht, verteilt und mit einer schweren Walze verdichtet. Über diese Schlackenschicht kommt dann eine 15 bis 25 cm dicke Sandschicht. Weitere Ausbaudetails sind zu ersehen aus DIN 18035 – Sportplätze – Teil 3 – Entwässerung.

3.6 Technische Anforderungen an den Boden gedeckter Reitplätze

Die **Tretschicht** in der gedeckten Reitbahn und in der Longierhalle entspricht der Dicke und Zusammensetzung der Tretschicht offener Reitplätze.

In verschiedenen gedeckten Reitbahnen wurde an Stelle der Gatterspäne vielfach Gummi- oder Kunststoffgranulat verwendet. Wegen einzelner Fehlschläge und fehlender Langzeiterfahrung können insoweit jedoch keine Empfehlungen gegeben werden.

Bei gedeckten Reitbahnen kann eine besondere **Tragschicht** dann entfallen, wenn der

Schemaskizze zur Anordnung der Dränage bei einem Reitplatz von 20/40 m Größe.

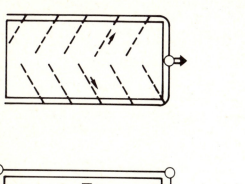 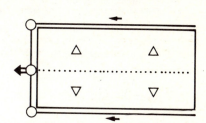

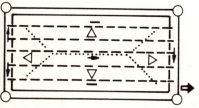 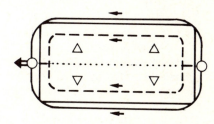

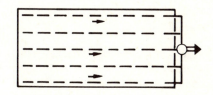

Legende:

———— Sammler

— — — — Sauger

○ Kontrollschacht

▷ Gefällerichtung des Planum

→ Gefällerichtung der Drainage

Der Platz ist über die Ringdränleitung auszudehnen.

19

Untergrund die notwendigen Eigenschaften aufweist (anstehender Lehmboden, ebenes Planum). Ist kein geeigneter Unterboden vorhanden, kann der Boden u. U. durch Bodenstabilisierungen verbessert werden. So können z. B. sandige Böden durch Einbringen und Einfräsen von Lehm verfestigt werden. Bei steinigen Böden können Ausgleichsschichten aus Lehm eingebaut werden, um das gleiche Ziel zu erreichen. Bei schwierigen geologischen Boden- und Standortverhältnissen (Grundwasser usw.) empfiehlt sich in jedem Fall fachtechnische Beratung.

3.7 Verschiedene Tretschichten

Hauptkostenfaktor sind nicht nur die Baustoffkosten, sondern gleichermaßen deren Transportkosten. Bei der Wahl des Materials sollte daher möglichst auf die örtlich vorhandenen Baustoffe zurückgegriffen werden.

3.7.1 Sand/Gatterspäne

Die Mischung der Tretschicht besteht aus fünf Raumteilen Sand, vier Teilen Gatterspänen/Schälspänen von Nadelhölzern.
Für eine ca. 10 cm dicke Tretschicht werden bei einer Platzgröße von 20 x 40 m etwa 80 − 120 t Sand und 10 − 12 t Späne benötigt. Bei Verwendung von Vliesen als Schichtentrennung ist eine dickere Tretschicht erforderlich. Für Dressurplätze werden mindestens 15 cm und für Springplätze bis zu 25 cm dicke Tretschichten empfohlen.

3.7.2 Hartholzspäne

Hier besteht die Tretschicht aus grobgeschnitzelten Hartholzspänen (kein Nadelholz) ohne jeden weiteren Zusatz. Wegen starker nachträglicher Verdichtung sind in der ersten Zeit Nachfüllungen notwendig. Wasserhaltefähigkeit und Frostunempfindlichkeit sind gut. Nachteilig wirken sich die relativ hohen Kosten aus. Noch ungeklärt ist die Lebensdauer (organische Zersetzung).

3.7.3 Lederspäne

Der Lederspanboden besteht aus einer Tretschicht von ca. 12 cm Dicke, möglichst auf einer Tragschicht aus Lehm oder gewachsenem Boden aufgebracht.
Der Boden ist rutschfest und dauerhaft, von hoher Elastizität, wodurch Gelenke und Sehnen der Pferde geschont werden. Er verklumpt nicht und bleibt auch bei Frost wegen der Fettung der Lederspäne lange bereitbar. Um die positiven Eigenschaften nicht zu beeinträchtigen, darf keine Mischung mit anderen Materialien (Sand, Holzspäne usw.) erfolgen.
Lederspäne sind hygroskopisch und erfordern daher wenig Beregnung. Die hygrosko-

pische Eigenschaft wirkt auch der Staubentwicklung entgegen. Allerdings sind Lederspäne wegen ihrer Wasserhaltefähigkeit nur in Hallen zu verwenden.

Die Pflege beschränkt sich auf das gelegentliche Einebnen. Diese Arbeit erfordert
wegen des geringen spezifischen Gewichts der Späne keine sonderliche Anstrengung.
Erfahrungsgemäß ist ein Nachfüllen des Bodens nicht vor Ablauf von 5 Jahren erforderlich.

3.8 Praktische Beispiele

Nachstehend werden einige Plätze/Hallen, die bereits seit Jahren in Gebrauch sind,
dargestellt.

3.8.1 Offener Dressurplatz in der Reitanlage Becher, Bremen

Dieser Dressurplatz wurde 1970 errichtet und entspricht in allen Teilen dem vorgeschla-
genen Standard sowohl in der Tret- als auch in der Tragschicht. Gewählt wurde bei der
Ausführung des Platzes eine wassergebundene Tragschicht. Unter der Tragschicht
befindet sich eine etwa 20 cm dicke Packlage aus Ziegelbrocken. Anstelle dieses
Materials kann jedoch auch Schotter gewählt werden. Unterhalb der Packlage ist eine
Dränage in einer Kiesbettung angeordnet.

3.8.2 Offener Dressurplatz in Schafhof bei Kronberg/Taunus

Die Tretschicht, 6–8 cm dick, besteht aus schluffigem Sand mit einer Körnung 0–3 mm
mit eingebrachten Gatterspänen ca. 10 Vol.-%. Die gebundene Tragschicht besteht aus
Betonverbundsteinen, die in eine 5 cm dicke Sandschicht eingebettet sind. Darunter
liegt eine ca. 10 cm dicke Grobkiesschicht mit danach folgender 30 cm dicker Schotterschicht und Dränage.

3.8.3 Offener Dressurplatz des RV Niederzeuzheim, Kreis Limburg/Hessen

Die Tretschicht hat eine Dicke von 8 cm und besteht aus gewaschenem Sand, Körnung
0,2 – 3 mm, vermischt mit 30 Vol.-% Gatterspänen. Die Tragschicht setzt sich aus einer
30 cm dicken verdichteten Schotterschicht in der Körnung 5 – 35 mm und einer 6 cm
dicken Lavalit-Oberschicht in der Körnung 0 – 35 mm zusammen. Zwischen der Lavalit-
und der Tretschicht befindet sich ein Polyester-Spinnvlies.

3.8.4 Offener Reit- und Turnierplatz des RV Mosbach/Baden

Gegenüber der empfohlenen Standardbauweise besteht die Tretschicht dieses Platzes
aus reinem Sand in der Körnung 0 – 3 mm in einer Schichtdicke von ca. 10 – 12 cm.
Darunter befindet sich eine zementgebundene wasserdurchlässige Tragschicht.

3.8.5 Gedeckte Reitbahn des RV Dorsten u. U./Westfalen

Hier besteht die ca. 8 – 10 cm dicke Tretschicht aus gewaschenem Sand 0,2 – 2 mm unter Beimischung von ca. 20 Vol.-% Gatterspänen. Dies entspricht in etwa der vorgeschlagenen Standardbauweise. Die Tragschicht besteht aus gestampftem Lehm und ist 5 cm dick. Der Untergrund ist gewachsener, sandiger Boden. Diese Reitbahn wird seit mehr als 9 Jahren benutzt und hat sich in dieser Zeit bewährt.

3.8.6 Gedeckte Reitbahn des RV Kreuztal/Westfalen

Die aus Lederspänen bestehende Tretschicht ist auf einer Tragschicht aus Lehm aufgebracht. Der Lederbelag ist sehr elastisch und rutschfest. Er klumpt nicht, tritt sich nicht fest und hält sehr lange die Feuchtigkeit. Die anfängliche Geruchbelästigung durch den üblichen Geruch der Gerbstoffe und des Leders war nach kurzer Zeit völlig verschwunden.

3.8.7 DOKR-Bundesleistungszentrum Warendorf/Westfalen

Dressurhalle (20 x 60 m)
Ausführung auf Feinplanum, 12 cm Frostschutzsand, darauf ungebundener Grobschotter, 20 – 25 cm dick, Tragschicht aus Bitu-Makadam-Gemisch, Körnung 0 – 15 mm mit Luftporenanteil 15 Raum-%, 6 – 8 cm dick, darauf eingewalzter Edelsplitt abgefegt, 16/22 mm. Tretschicht in der Dressurhalle, Flußsand, Körnung 0/3 mm, 6 cm dick unter Beimischung von Feinsand 1 – 1,5 cm, Körnung 0/1 mm, darauf Langschälspäne (Nadelholz) 10 cm dick mit Auffüllung nach etwa 3 bis 4 Monaten.

Springhalle (24 x 70 m)
Unterbau aus ungebrannten Lehmziegeln, porös, abgedeckt mit ca. 2 cm Füllsand angewalzt, darauf in Bahnen überlappend verlegt Fibertex (porös), abgedeckt mit ca. 8 cm bindigem Füllsand, darauf Fibertex-Bahnen (S 300-unzerreißbar, verklebt mit Einkomponentenkleber); darüber Tretschicht in normaler Ausführung.

Offenes Dressurviereck
Aufbau im Prinzip wie Dressurhalle. Zusätzlich Einbau einer Dränage in Längsrichtung, Dränagesauger NW 65 aus flexiblen Kunststoffrohren. Abdeckung der Rohre 5 cm Perlkies, darauf Schlacke bzw. Granulat 15 – 35 cm. Oberhalb der Dränagegräben Betonverbundpflastersteine Beha-Ton 20/16,5/6 cm in Sand verlegt. Zusätzlich erfolgte eine Trennung zwischen der Schlacke und den Abdecksteinen mittels Vlies.

3.8.8 Offene Dressurplätze des Aachen-Laurensberger Rennvereins

Der Unterbau hat an der Oberfläche die Form eines Firstdaches mit 1 – 2%igem Gefälle. Er enthält eine Grätendränage mit rundumlaufendem Vorfluter.
Die Tragschicht besteht aus einer 15 cm dicken Schicht Kalksteinschotter, Körnung

15−35 mm, darauf 10 cm dick Kalksteinschotter, Körnung 7−12 mm, darauf 5 cm dick Kalksteinschotter, Körnung 2−5 mm; darüber wurde 10 cm dick 40% durchlässiger Bitumenschotter, Körnung 11−15 mm, aufgebracht, der an der Oberfläche aufgerauht wurde.

Die Tretschicht enthält 5 Raumteile lange Schälspäne und 4 Raumteile Sand, Körnung 0,1 − 3 mm.

In die Umzäunung der Vierecke wurde jeweils an den Längsseiten eine Beregnungs-anlage installiert. Alle 3 Vierecke, je 20 x 60 m, sind seit 1976 im Gebrauch und haben sich bestens bewährt.

3.9 Sanierung bestehender offener Plätze

Ebenso wichtig wie die Neuanlage von Plätzen, fast noch wichtiger, sind Maßnahmen zur Sanierung vorhandener Reitbahnen. Vorhandene Plätze auf gewachsenem Boden sollten möglichst so planiert werden, daß mit einem schwachen Walmdachprofil (etwa 1%) die Niederschläge nach den Seiten ablaufen können. Senken und Mulden, in denen Niederschläge als Pfützen stehenbleiben, müssen eingeebnet werden. Plätze von un-gleichmäßiger Feuchtigkeit weisen unter den feuchteren Stellen oft eine wasserun-durchlässige Bodenschicht (Lehm, Ton usw.) auf, die zu Staunässe führen kann. In manchen Fällen hilft hier bereits ein punktuelles Durchstoßen dieser verdichteten Bo-denschichten. Soweit dadurch das anfallende Oberflächenwasser nicht ausreichend versickern kann, ist der Einbau von Dränleitungen unumgänglich.

Neben der Abführung von Niederschlagwasser bildet auf vielen Reitplätzen die Tret-schicht ein wesentliches Problem:

Böden mit hohem Sandanteil und zu wenig Feinkornanteil sind zwar gut wasserführend, aber zu wenig trittfest. Bei Trockenheit bilden sich Mulden beim Ab- und Aufsprung an Hindernissen. Außerdem sind derartige Böden stark staubig und beanspruchen die Sehnen der Pferdebeine sehr stark. Kurzfristig bringt Bewässerung eine Verbesserung der Verhältnisse, langfristig hilft jedoch nur eine Veränderung der Korngrößenzusam-mensetzung, wobei das Zusatzmaterial gleichmäßig aufgebracht und intensiv einge-mischt werden muß. Die Trittfestigkeit zu lockerer Böden kann man auch durch Zusatz von organischen Materialien (z. B. Gatterspäne) verbessern. Allerdings ist hierfür die verbrauchte Tretschicht der Reithalle nicht geeignet.

Wenig genutzte Turnierplätze werden trittfester durch Ansaat oder Erneuerung der Grasnarbe. Hierfür eignen sich tief- und intensiv wurzelnde Pflanzen, wie Deutsches Weidelgras, Rotschwingel, Wiesenrispe, Quecke, Schafgarbe usw. Zur Ansaat, Boden-verbesserung, Düngung und Pflege ist in jedem Fall der Rat eines Fachmannes einzuholen.

Schwere Böden sind schwieriger zu verbessern. Durch den hohen Tongehalt sind sie bei langen Niederschlägen schmierig und bei Trockenheit zu hart. Eine Kalkzugabe wirkt strukturverbessernd und vermindert das Verschlämmen der Tonpartikel. Notfalls muß durch eine gleichmäßige Besandung die Kornverteilungskurve verbessert werden. Ferner sind abriebfeste, rollige Sande wie Fluß- und Quarzsand zu verwenden. Bei nachlassender Trittfestigkeit ist das Besanden zu wiederholen.

Ob bei Neuanlage oder Sanierung, immer ist es jedoch erforderlich, fachmännischen Rat einzuholen, bevor durch Improvisation unvertretbar hohe Kosten auftreten.

3.10 Pflege der Reitplätze

Jeder Reitplatz, ob in der Halle oder im Freien, bedarf der regelmäßigen Pflege. Der Umfang dieser Pflege hängt von der Art und der Intensität der Nutzung ab. In der Halle kommt es in erster Linie auf das Ebnen und regelmäßige Befeuchten der Tretschicht an. Hierbei sind Art und Aufbau der Tretschicht zu berücksichtigen. **Das Ebnen** erfolgt mit einer Schleppe, die vom Pferd oder Trecker gezogen wird. Von Zeit zu Zeit (möglichst täglich) ist der sich bildende Wall zwischen Hufschlag und Bande von Hand einzuebnen. Eine sehr wichtige Maßnahme ist das häufige Versetzen der Hindernisse. Eine besondere Pflege erfordert der Teil der Halle, der bei ungünstiger Witterung für das Longieren und Voltigieren benutzt wird. Voltigieren und Longieren beanspruchen die Tretschicht sehr stark. Daher ist eine separate Longierhalle bzw. ein Longierplatz wünschenswert.

Das Befeuchten der Tretschicht erfolgt optimal durch automatische Beregnungsanlagen. Falls Beregnung im Handbetrieb vorgesehen ist, sollte auf einen entsprechend großen Querschnitt des Wasserrohres (C-Rohr) geachtet und ein Druckverstärker vorgesehen werden.

Bei einer Tragschicht aus Lehm muß die Befeuchtung der Tretschicht besonders sorgfältig durchgeführt werden, um ein Aufweichen der Lehmfläche zu verhindern. Das Feuchthalten der Tretschicht wird nachhaltig durch einen Feuchtigkeitsstabilisator unterstützt, ein Magnesium-Kalzium-Chlorit, das in flüssiger Form mit einer Druckspritze oder in fester Form durch Düngerstreuer aufgebracht wird.

Im Freien sind bei **Rasenreitplätzen** alle Pflegemaßnahmen darauf gerichtet, die Grasnarbe zu erhalten. In erster Linie muß darauf geachtet werden, daß nur bei günstiger Witterung geritten wird und der Boden nicht zu weich ist. Hindernisse und Dressurvierecke sollen auf Grasplätzen so oft wie möglich versetzt werden. Löcher sind sorgfältig zuzustampfen. Wichtig ist auch die Düngung und eine Ruhepause nach dem Turnier (ca. 3 Wochen). Man muß also die Möglichkeit haben, ausweichen zu können. Sofern gemäht werden muß, sollte der Schnitt nicht zu kurz sein. Ist die Narbe bereits zerstört, beschränkt sich die Pflege auf regelmäßiges Ebnen und Erhalten des Abflusses von Oberflächenwasser.

Bei Reitplätzen ohne Rasen kommt zu den bislang schon zitierten Pflegearbeiten das Feuchthalten hinzu, insbesondere bei anhaltenden Trockenperioden. Nur so lassen sich die mechanischen Eigenschaften erhalten sowie die Staubbildung und die Entmischung vermeiden. Je nach Größe der Reitplätze sollten also entsprechend leistungsfähige Hydranten in die Grund- oder Erstausstattung einer Reitanlage einbezogen werden.

Die organischen Bestandteile der Tretschicht (Holzspäne, Leder) müssen von Zeit zu Zeit ergänzt werden. Bei stärkerer Vermistung oder Pulverisierung der Tretschicht sollte diese ganz ausgewechselt werden. Das Aufbringen zusätzlicher Tretschichtmaterialien empfiehlt sich in dem Fall nicht, da die Tretschicht ihre optimale Gesamtdicke nicht überschreiten soll.

3.11 Richterkabine

Bei gemeinsamem Richten von Dressurprüfungen sitzen die Richter in Höhe des Bahnpunktes C. Bei getrenntem Richtverfahren zusätzlich bei H und M. Wegen des besseren Überblicks muß der Richter einen Abstand von etwa 5 m vom Hufschlag haben.

Es haben sich geschlossene, aber auseinandernehmbare Richterkabinen bewährt. Die nachstehende Skizze gibt die Maße der Grundausführung wieder.

Fensterscheiben (Schiebefenster in der Vorderwand) und Regenablauf sind empfehlenswert.

Für das Gemeinsame Richten muß die Richterkabine bei C doppelt so groß wie angegeben sein.

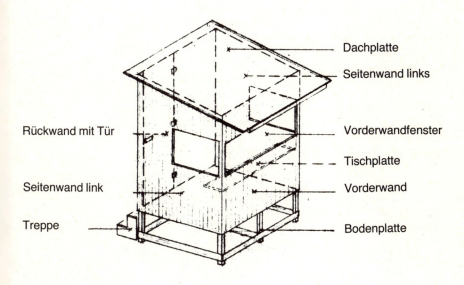

Rückwand mit Tür	Dachplatte
	Seitenwand links
	Vorderwandfenster
	Tischplatte
Seitenwand link	Vorderwand
Treppe	Bodenplatte

Höhe Rückwand von	
Boden- bis Dachplatte	2,25 m
Höhe Vorderwand	2,05 m
Breite Vorder- und Rückwand	1,53 m
Breite Tür	0,60 m
Breite Seitenwände	1,60 m
Einbauhöhe Tischplatte	0,70 m
Breite Tischplatte	0,60 m
Einbauhöhe Fenster	0,95 m
Dachplatte Frontbreite	1,73 m
Dachplatte Seitenbreite	2,30 m
Höhe Bodenplatte über Terrain	0,50 m

4. Reithallen

Was sich bisher als Mangel oder wenig zweckmäßig erwiesen hat, sollte bei allen künftigen Neu- und Umbauten vermieden werden. Als »Bedingung« wird hier bezeichnet, was unter allen Umständen zu beachten ist und einmal »Norm« werden sollte, als »Empfehlung«, was sich als zweckmäßig herausgestellt hat und zur Nachahmung empfohlen wird.

	Bedingung	Empfehlung
Hufschlagmaße für Reithallen, Mindestgröße 20 x 40 m (am Bandenfuß gemessen)	x	
besser 25 x 45 m		x
weitere Hallengrößen sind: 25 x 65, 25 x 80 mit den erforderlichen Nebenräumen		x
der Kommunikationsbereich mit Aufenthalts- und Geschäftsräumen und der Richtertribüne ist der Halle ebenso zuzuordnen wie der Warte- und Aufsitzraum für die Pferde (Bereithalteraum).		x
Sanitäre Einrichtungen (jeweils für Damen und Herren getrennt).	x	
Tribüne über den Sozialräumen an einer Giebelseite (gleichzeitig als Stauraum nutzbar) nur für den internen Gebrauch geeignet. Tribünen für eine größere Zuschauerzahl sollten nur an den Längsseiten angelegt werden; ideal ist dafür eine Verbreiterung der Hallenspannweite (mit Mehrkosten verbunden).		x
Ein Giebel sollte einen vollen Binder erhalten, damit die Verlängerung der Halle ohne unrationelle Zusatzkosten erfolgen kann. Lage des Giebels beachten.		x
Wasserzuleitung: durch einen Hydranten bis in die Reithalle, um Sprengen von Hand mit einem C-Rohr zu ermöglichen, gleich Feuerwehrleitung, ggf. Einbau einer Druckerhöhungsanlage falls Betriebsdruck weniger als 3 atü.	x	
Beregnungsanlagen haben sich in Hallen nach dem neuesten Stand der Technik bewährt und als zweckmäßig erwiesen; die Leitungen sollten jedoch eine leichte Neigung besitzen, damit nichtverbrauchtes Wasser schnell abläuft und das Tropfen vermieden wird.		x
Lüftung: durchgehende Firstenlüftung; bei Dächern mit Wellprofilen offene Wellen an den Traufen, bei anderen Dacharten für Zuluft in den Giebeln sorgen; (bei täglich starker Beanspruchung der Bahn evtl. zusätzliche Lüftungsklappen oder Fenster).	x	
Belichtung: keine Materialien mit Schlagschattenbildung verwenden,	x	
diffuses Licht		x

mögl. viel Nord- und Nordostlicht verwenden an den Seitenwänden und Giebeln (Himmelsrichtung wegen der Schattenbildung beachten). Lichtbänder 1,5 – 2,0 m hoch, nicht bis Unterkante Dach, bei weit überragendem Dach sollte oberstes Wandteil fest sein. x

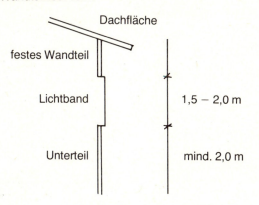

Dachfläche

festes Wandteil

Lichtband   1,5 – 2,0 m

Unterteil   mind. 2,0 m

Beleuchtung: mindestens 200 – 300 Lux x

Für jeweils unterschiedlichen Lichtbedarf (z. B. Turnier/Training) Einbau von Serien- und Stufenschaltungen (Stromeinsparung!) x

Elektro-Installation: Steckdosen für Starkstrom x

Schwachstromleitungen für Lautsprecheranlagen etc. x

Maße, div. Angaben:
lichte Höhe über Hufschlag bis Unterkante, Konstruktion 4,25 m x

Bandenhöhe bis mindestens 1,60 m, besser 1,80 m glatt, bis 3,0 m in der Senkrechte keine vorspringenden Teile x

freistehende Bande gegen Tribüne, Stauraum oder dergleichen gegen Überspringen sichern. x

Bandenmaterial Holz, unten 2 Bretter mind. 30 cm hoch waagerecht aus Hartholz möglichst 45 mm stark, getränkt x

darüber Verbretterung senkrecht, Mindeststärke 30 mm, getränktes Holz, evtl. auch Kunststoff oder Mehrschichtenholz (1,30 – 1,50 m hoch) x

Bandentore: Führung waagerecht, nach außen schlagend anordnen mit Sichtöffnung, gegen Überspringen sichern x

lichte Höhe des Einfahrttores mind. 4,25 m, lichte Breite der Einfahrt mind. 3,50 m (Breite der Bandentore bei der Anlage des Außentores berücksichtigen) x

Bandenprofil

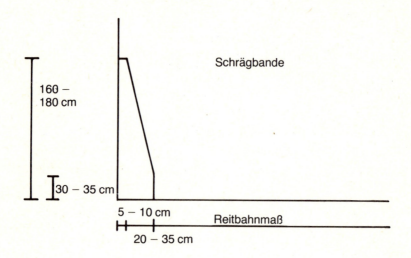

160 – 180 cm

30 – 35 cm

5 – 10 cm

Schrägbande

Reitbahnmaß

20 – 35 cm

	Bedingung	Empfehlung
Pferdeeinlaß lichte Höhe mind. 2,75 m, lichte Breite mind. 1,30 m		x
Richterraum Mitte der kurzen Seite vorsehen		x
Hindernisraum mind. 30 m², vom Hufschlag gut erreichbar		x
Dachflächen sollen gegen Hitze/Kälte sowie zur Vermeidung von Schwitzwasser isoliert werden. Dabei K-Wert (Wärmedurchgangswert) berücksichtigen. Zumindest soll die Dachkonstruktion einen nachträglichen Einbau der Isolierung ohne zusätzliche Mehrkosten ermöglichen.		x
Dachrinnen und Fallrohre		x
Stützen, die über das Wandstärkemaß hinausgehen, sollten nach außen greifen.		x

Auf dem deutschen Markt werden die in der Skizze dargestellten Binder angeboten. Als Material kommen für diese Konstruktionen Holz, verzinkter Stahl oder Stahlbeton in Betracht.

Geleimtes Holz ist korrosionsfest und feuerhemmend bis Klasse F 60 und erfordert keine Unterhaltungskosten.

Verzinkter Stahl ist gleichfalls korrosionsfest, jedoch nicht feuerbeständig. Feuerschutz ist nur über einen Zusatzanstrich möglich.

Stahlbeton ist korrosionsfest und feuerbeständig bis Klasse F 90 und erfordert keine Unterhaltung. Nachteile sind jedoch das hohe Eigengewicht, größere Fundamentkosten und das größere Bauvolumen.

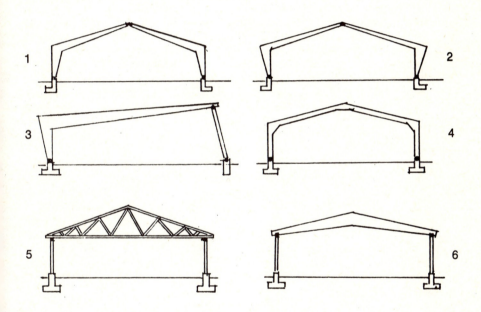

1 = Dreigelenkrahmen mit außenliegender Rahmenecke
2 = Dreigelenkrahmen, Sonderkonstruktion
3 = Zweigelenkrahmen
4 = Dreigelenkrahmen mit innenliegender Rahmenecke
     (Verkleidung der innen liegenden Stütze bis 3,0 m)
5 = Fachwerkbinder auf eingespannten Stützen
6 = Biegeträger auf eingespannten Stützen

5. Reitwege

Reitwege sind unerläßlich. Ihr Ausbau empfiehlt sich nur, sofern der gewachsene Boden der ständigen Belastung auf Dauer nicht standhält. Je mehr Wege für das Reiten zur Verfügung stehen, um so mehr werden sich die Reiter verteilen können und um so eher läßt sich der Ausbau von Reitwegen umgehen. Zu prüfen ist auf jeden Fall, ob man nicht vorhandene Wege mit gewachsenem Boden den Reitern überläßt und stattdessen für den Fußgänger eigene Wege herrichtet, die sehr viel billiger sind als künstliche Reitwege. Wird jedoch der Ausbau erforderlich, ist eine Breite von 2,50 m vorzusehen, um die im Forstwegebau üblichen Maschinen und Geräte einsetzen zu können. Darüber hinaus ist zu prüfen, ob nicht bereits der Ausbau von Teilstrecken zur Überbrückung besonders ungünstiger Bodenverhältnisse genügt. Für den Ausbau von Reitwegen sind die Kriterien wie für den Bau offener Reitplätze entsprechend zu beachten. Bei Neuanlage ist ein Feinplanum herzustellen, das ordnungsgemäß verdichtet werden muß. Dann sind etwa 15 cm dicke Hartsandsteinschrotten 0/50 mm einzubauen, mit Granulat zu sättigen und mit einer mindestens 10 cm sandigen Mutterbodenschicht abzudecken.

Wo Reitwege nicht befestigte Fußwege kreuzen, sollte der Kreuzungsbereich gepflastert (z. B. Verbundsteine) sein, um eine Beschädigung des Fußweges zu vermeiden.

Je geringer die Beanspruchung eines Reitweges ist, umso günstiger ist dessen natürliches Regenerationsvermögen. Schon aus diesem Grunde sollte ein Reitwegenetz groß genug sein.

Darüber hinaus sollte ein dem örtlichen Reitbetrieb zugeordnetes Reitwegesystem eine Verbindung zu entsprechenden Reitwegen benachbarter Reitanlagen haben.

Im Idealfall sollten die örtlichen Reitwege auf diese Weise an überörtliche (überregionale) Reitwege angeschlossen sein (z. B. »Deutscher Reiterpfad«).

6. Stallbau

Für die Pferdehaltung und den zweckmäßigen Stallbau liegen heute schon vermehrt wissenschaftliche Untersuchungen und entsprechende Fachbücher vor, die dem Interessenten detaillierte Informationen geben können (s. auch Literaturverzeichnis). Hier sollen nur **Mindestwerte** angegeben werden, die sicherstellen sollen, daß die spezifischen Ansprüche des Pferdes erfüllt werden. Jedoch muß nachdrücklich darauf hingewiesen werden, daß eine Unterschreitung der Mindestwerte nur geringe Kosteneinsparungen bringt, das Wohlbefinden des Pferdes jedoch erheblich beeinträchtigt werden kann. In vielen Fällen wird es sogar kostengünstiger sein, die Mindestwerte zu überschreiten, um so die Vorteile genormter Stallbauteile ausnutzen zu können.

6.1 Lage des Stalles im Gelände

Ungünstig wirken sich Tallagen aus, da sich hier Kaltluftseen bilden können, die im Winter den Wärmehaushalt des Stalles zusätzlich belasten. Wegen der mangelnden Sonneneinstrahlung in der kalten Jahreszeit sind Nord- und Nordosthänge zu meiden. Sollte es nötig sein, am Hang zu bauen, so ist die günstigste Richtung Südwest, da hier die Sonneneinstrahlung im Winter am besten zur Wirkung kommt.
Eine vollkommen windgeschützte Lage des Stallgebäudes wirkt sich keineswegs günstig auf das Stallklima aus, da die Abführung der Abluft auf Schwierigkeiten stößt und die Verbreitung von ansteckenden Krankheiten infolge der zahlreichen Keime in der unbewegten Luft und das verstärkte Auftreten von Insekten gefördert werden. Es wird deshalb empfohlen, das Gebäude mit den Längsseiten parallel zur Hauptwindrichtung anzuordnen.

6.2 Stallvolumen

Der Luftraum, den das Pferd benötigt, hängt von Größe, Gewicht und Beanspruchung des Pferdes ab. Aus diesem Grunde sind Schwankungsbreiten angegeben worden.
Großpferde: $50 - 60\,\text{m}^3$
Ponys bis 148 cm: $20 - 27\,\text{m}^3$
Ponys bis 120 cm: $15 - 20\,\text{m}^3$

6.3 Stallgasse

Bei Neubauten sollte die Mindestbreite 2,5 m, in zweireihigen Stalleinheiten mit mehr als 20 Pferden 3,0 m betragen.
Bei Umbauten sollten auch bei Verwendung von Schiebetüren und bei einreihiger Aufstallung 2,0 m Breite nicht unterschritten werden.
Je enger die Stallgasse ist, um so schwieriger wird auch der Arbeitsablauf und um so größer wird das Unfallrisiko für Mensch und Tier.

6.4 Anordnung der Boxen

Eine einreihige Aufstallung ist in der Regel unwirtschaftlich. Das Verhältnis Nutzfläche zur Verkehrsfläche (Boxenfläche zur Stallgasse) spricht eindeutig für die zweireihige Aufstallung. Bei einer Stallgassenbreite von 3 m wäre hier das Verhältnis Boxenfläche zur Verkehrsfläche wie 2 : 1 (beim einreihigen Stall und 2 m breiter Stallgasse wie 1:0,66), wenn man von einer Boxentiefe von 3 m ausgeht.

6.5 Fenster

Pferde haben ein großes Lichtbedürfnis. Die Größe der Fensterfläche wird jedoch aus wärmetechnischen Gesichtspunkten begrenzt. Der Wärmedurchgangswert einer Normalfensterscheibe ist relativ hoch (k = 5,5 oder 6,0 W/m²k). Eine Isolierverglasung (k = 3,0 W/m² k bei Holz- oder Kunststoffenstern mit 12 mm Scheibenabstand; bzw. k = 3,3 bei 6 mm Luftzwischenraum zwischen den Scheiben) ist daher empfehlenswert. Im übrigen empfiehlt sich die Faustregel: Fensterfläche = 1/15 − 1/20 der Grundfläche oder 1 m² Fensterfläche je Box.
Pferde sollten im Stall neben frischer Luft auch viel Sichtkontakt mit der Umwelt haben. Ideal − aber nicht immer durchführbar − sind sog. Außenboxen mit geteilter Tür. Möglich sind auch (zusätzlich zu Lichtfenstern) glaslose Fenster mit verschließbaren hölzernen Klappläden.
Glasfenster sollen nach Möglichkeit nicht nur Licht einlassen, sondern dem Pferd auch den Blick nach außen gestatten.
Vom Pferd erreichbare Fensterscheiben sind in jedem Falle durch eine starke Vergitterung zu schützen. Das gilt für alle Einbauhöhen unterhalb 2,2 m für Großpferde, 2,0 m für Ponys bis 148 cm, 1,6 m für Ponys bis 120 cm.

6.6 Außentore

Die Außentore sollen die gleiche Breite wie die Stallgasse haben, wobei 10 cm für die Anbringung der Tore abzuziehen sind. Bei Großpferden sollte eine Höhe von 2,5 m, bei Ponys eine Höhe von 2,0 m nicht unterschritten werden.

6.7 Beleuchtung

Die Ausnützung natürlicher Lichtquellen ist bereits beschrieben worden. Bei der Verwendung von künstlichem Licht ist darauf zu achten, daß der Stall als Naßraum (VDE-Vorschriften für Naßräume beachten!) gilt.
Pferde sind besonders stromempfindlich. Alle Leitungen, Schalter, Auslässe usw. sind so zu verlegen, daß sie von den Pferden nicht erreicht werden können.
Das Pferd bevorzugt weiches, dem Tageslicht ähnliches Licht. Auf gleichmäßige Ausleuchtung der Boxen ist zu achten.

6.8 Wärmedämmung

Großen Einfluß auf das Stallklima hat die wärmetechnische Ausführung der raumumschließenden Bauteile. Es ist daher unerläßlich, bei der Planung eines Stallgebäudes oder bei einem evtl. Umbau eines Altgebäudes vom **Fachmann** eine eingehende Wärmehaushaltsberechnung erstellen zu lassen. Nur so können mit Sicherheit ein einwand-

Wärmedämmung hier in Massivwand (DIN-Vorschrift beachten)

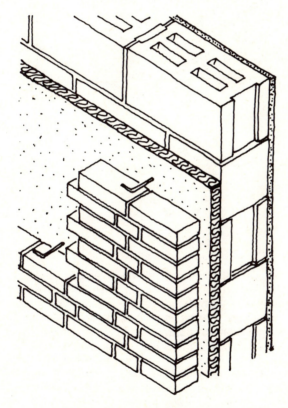

Wandaufbau von außen nach innen:
11,5 cm Verblendschale
 6,0 cm Luftschicht
 6,0 cm Dämmschicht
24,0 cm Mauerwerk HLZ, HBL o.ä. mit Mauerhaken
 2,0 cm Innenputz (2-lagig)

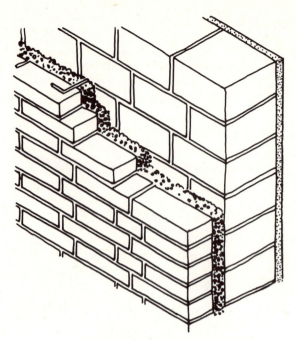

Wandaufbau von außen nach innen:
    mit 11,5 cm Verblendschale
mit   6,0 cm Dämmschicht
    24,0 cm Mauerwerk HLZ, HBL o.ä.
    2,0 cm Innenputz (2-lagig)

freies Stallklima erzielt, die Gebäude vor Durchfeuchtung und Zerstörung bewahrt und damit ihr Wert erhalten werden. Denn eine ausgeglichene Wärmebilanz ist die Voraussetzung für die Möglichkeit, entsprechende Frischluftmengen durchsetzen zu können, um so den Anforderungen des Pferdes an die Qualität der Stalluft gerecht zu werden. Deshalb muß die Wärmedämmung der raumumschließenden Bauteile so bemessen sein, daß an den inneren Oberflächen der Bauteile bei niedrigen Außentemperaturen kein Kondenzwasser auftreten kann. Türen und Tore sollen deshalb denselben Wärmedurchlaßwiderstand aufweisen wie die Wände, was durch eine Kernisolierung zu erreichen ist. In bezug auf das Wärmespeichervermögen haben sich Massivbauten, evtl. zwei- oder dreischichtig als günstig erwiesen. Die wärmedämmende Schicht ist dabei nach außen zu verlegen, der schwerste Baustoff liegt zum Stallinneren.
Wichtig ist hierbei besonders die Stalldecke. Die Verwendung von Holzdecken ist vorteilhafter als die von Betondecken, da bei extrem niedrigen Außentemperaturen das Holz Feuchtigkeit aufnehmen kann, während sich an Betondecken Kondenzwasser bilden kann, das auf die Pferde herabtropft. Unterhalb von Betondecken empfiehlt sich der Einbau einer hinterlüfteten Verbretterung.

Wärmedämmung bei Holzbauweise:

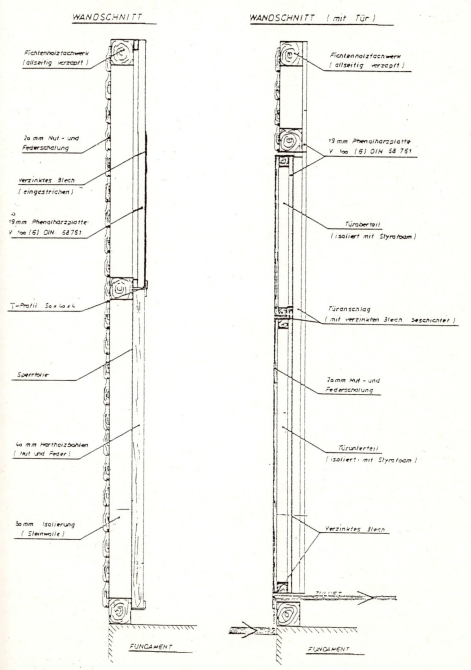

WANDSCHNITT

WANDSCHNITT (mit Tür)

Fichtennolzfachwerk
(allseitig verzapft)

2o mm Nut - und
Federschalung

Verzinktes Blech
(eingestrichen)

19 mm Phenolharzplatte
V 'oo (6) DIN 68751

T-Profil 50 x 40 x 4

Sperrfolie

4o mm Hartholzbohlen
(Nut und Feder)

3o mm Isolierung
(Steinwolle)

FUNDAMENT

Fichtennolzfachwerk
(allseitig verzapft)

19 mm Phenolharzplatte
V 'oo (6) DIN 68 751

Türoberteil
(isoliert mit Styrofoam)

Türanschlag
(mit verzinkten Blech beschichtet)

2o mm Nut - und
Federschalung

Türunterteil
(isoliert· mit Styrofoam)

Verzinktes Blech

ZULUFT

FUNDAMENT

Um Wärmebrücken zu vermeiden, ist es notwendig, darauf zu achten, daß Träger, Binder und Stützen aus Eisen oder Beton nicht ohne Isolierung vom Stallraum nach außen führen (DIN-Vorschrift beachten).

6.9 Stallboden

Der Stallboden soll widerstandsfähig, wärmedämmend, trocken und vor allem rutschfest sein.
Üblich sind Stallböden aus Gußasphalt mit grober Körnung, Betonverbundpflaster, Ziegelpflaster und rauh abgezogener Ortbeton. Alle Böden sind nur bei reichlicher Einstreu trocken, rutschfest und elastisch.
Holzfußboden aus senkrecht stehendem Hirnholzpflaster, mit Fugenabstand verlegt, Fugen mit Sand gefüllt oder säurefreiem Bitumen ausgegossen, wurde früher häufig verwendet; es ist jedoch sehr teuer. Sowohl der Bitumen als auch die Holzschutzmittel, mit denen der Holzboden getränkt wird, müssen ungiftig sein.
In einigen Fällen, in denen man die Einstreu reduzieren will, hat man elastische Stallmatten aus Gummi, Weich-PVC und Polyurethan eingesetzt. Diese Plattenböden müssen mit großen Wassermengen gereinigt werden; das führt zu zusätzlichem Aufwand für Jauchegruben. Die Versuche können bisher nicht abschließend beurteilt werden, da die hygienischen Probleme noch nicht geklärt sind. Eine völlig einstreulose Haltung ist abzulehnen.

6.10 Stallklima

6.10.1 Luftqualität

Die Qualität der Luft im Stall wird von der Temperatur, der Feuchtigkeit, der Gaskonzentration und dem Staubgehalt der Luft bestimmt. Das Pferd besitzt eine gute Thermoregulation und stellt insofern geringe Anforderungen an die Temperatur. Auch tageszeitliche Temperaturschwankungen sind grundsätzlich nicht unbedenklich. Faustregel: Lieber etwas zu kalt als warm und stickig.
Bei im Training befindlichen Pferden (sofern sie im Winter geschoren sind) wird eine Optimaltemperatur von etwa 15°C im Winter angestrebt.
Eine zu hohe Luftfeuchtigkeit muß im Interesse der Gesundheit des Pferdes vermieden werden. Durch die Atmung und die Ausscheidung wird die Gaskonzentration (Kohlendioxyd, Ammoniak, Schwefelwasserstoff usw.) erhöht. Hohe Luftfeuchtigkeit und Gaskonzentration gefährden die Gesundheit des Pferdes. Dämpfigkeit und weitere chronische Erkrankungen der Atemwege haben in den letzten Jahren besorgniserregend zugenommen. Sie sind fast ausschließlich die Folge schlechten Stallklimas.

6.10.2 Lüftung

Die Lüftung ist eines der am schwierigsten zu lösenden Probleme, da jeder Stall eine spezifische Lüftung erfordert. Pferde brauchen eine gut luftdurchspülte Umgebung.

Zugluft dagegen ist schädlich. Unter Zugluft versteht man einen Luftstrom, der den Körper nur partiell trifft. Lage, Form und Ausführung des Baues beeinflussen das Klima des Stalles und die mit der Lüftung verbundenen Probleme. Die aufgeführten Anforderungen an das Stallklima sind nur durch eine funktionierende Lüftung zu erfüllen. Hierzu gibt es folgende Lüftungseinrichtungen:

Freie Lüftung (Schwerkraftlüftung)
Hierunter versteht man die Lüftung über Fenster, Türen, Tore und als Traufen-First-lüftung über Abluftkamine. Sie ist abhängig von den natürlichen Energien aus Wärme, Wasserdampf, Luftdruck und Wind. Auch diese Art der Lüftung muß sorgfältig geplant werden. Bei einem Temperaturunterschied von weniger als 5°C zwischen Außen- und Innentemperatur findet kein Luftwechsel mehr statt. Abluftkamine müssen eine Mindesthöhe von 4,0 m besitzen, damit sie »ziehen« können. Die freie Lüftung hat in der warmen Jahreszeit Funktionsschwierigkeiten.

Zwangslüftung (Unterdruck-, Überdruck- und Gleichdrucklüftung)
Die Zwangslüftung erfolgt mit Hilfe von Ventilatoren. Auf sie wird man zurückgreifen müssen, wenn die freie Lüftung den Ansprüchen nicht genügt. Sie ist die sicherste Art der Lüftung, weil sie weitgehend unabhängig von äußeren Einflüssen ist. Eine Zwangslüftung, gleichgültig ob Unterdruck-, Überdruck- oder Gleichdrucklüftung (s. Skizze auf S. 38), ist stets als komplette Lüftungsanlage mit aufeinander abgestimmter Zuluft- und Abluftführung, sowie mit einer passenden Regelung und Steuerung einzusetzen.
Das Einsetzen von Ventilatoren nach Gutdünken führt in keinem Falle zum gewünschten Erfolg. Aus diesem Grunde ist es unbedingt notwendig, die Planung der Lüftungsanlage und die dabei erforderliche Berechnung des Wärmehaushaltes einem versierten Fachmann für Stallklima zu übertragen. Es wird empfohlen, sich eine **schriftliche** (!) Funktionsgarantie (gem. DIN 18910) geben zu lassen. Die Heranziehung eines Lüftungsfachmannes ist im Stadium der Planung erforderlich, da zu einem späteren Zeitpunkt durch den erhöhten Arbeitsaufwand höhere Kosten entstehen.

Zusätzliche Bodenentlüftung
Da sich die Schadgase im Stall vorwiegend in Bodennähe bilden (Einstreu), haben sich zusätzliche Lüftungsschlitze in den Frontseiten der Boxen - z. B. im unteren Türbereich – bewährt.

6.11 Box

Für die meisten Pferde ist die Box der eigentliche Lebensraum, in welchem sie oft 23 Stunden am Tag zubringen. Deshalb ist der Box besondere Aufmerksamkeit zu widmen.

6.11.1 Größe

Großpferde: 10 m² (Mindestlänge einer Boxenwand 3,0 m)
Ponys bis 148 cm: 7 m² (Mindestlänge einer Boxenwand 2,2 m)
Ponys bis 120 cm: 5 m² (Mindestlänge einer Boxenwand 2,0 m)

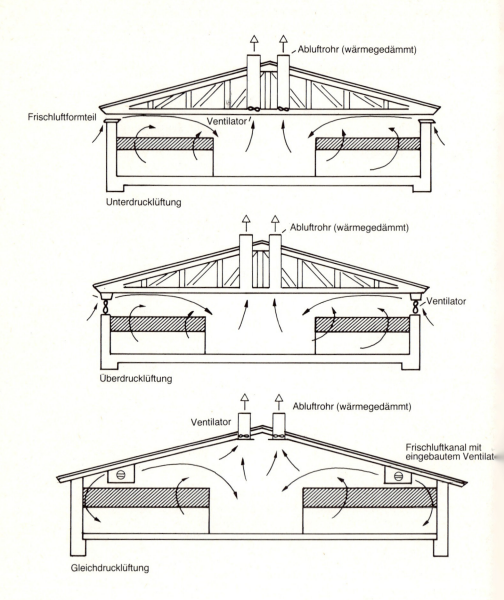

Abluftrohr (wärmegedämmt)

Frischluftformteil   Ventilator

Unterdrucklüftung

Abluftrohr (wärmegedämmt)

Ventilator

Überdrucklüftung

Ventilator   Abluftrohr (wärmegedämmt)

Frischluftkanal mit
eingebautem Ventilat

Gleichdrucklüftung

Die angeführten Maße stellen Mindestgrößen für normal beanspruchte Sportpferde dar. Bei Zucht- und Hochleistungspferden ist ein mindestens 10%iger Zuschlag zu machen. Die Boxengröße bei Fohlen-Stuten sollte 12 m² nicht unterschreiten. Bei der Aufzucht ist zu beachten, daß wachsende Tiere Bewegung brauchen. Deshalb ist die Haltung im Laufstall gemeinsam mit gleichaltrigen Pferden der Haltung in Einzelboxen vorzuziehen. Die angegebenen Richtwerte der einzelnen Größenklassen sollten dabei nicht wesentlich unterschritten werden.

6.11.2 Wandhöhe über Standfläche

Großpferde: 2,2 m, davon 1,3 m geschlossen, 0,9 m Gitterstäbe
Ponys bis 148 cm: 2,0 m, davon 1,1 m geschlossen, 0,9 m Gitterstäbe
Ponys bis 120 cm: 1,8 m, davon 0,9 m geschlossen, 0,9 m Gitterstäbe
Bei Hengstboxen sind Zuschläge von mindestens 30 cm zu berücksichtigen.

6.11.3 Bewegliche Wände

Um ein Ausmisten mit Front- oder Hecklader zu ermöglichen, empfiehlt es sich, die Trennwände oder die Frontwand beweglich zu gestalten. Dies kann durch Schwenken oder Verschieben der Wände erreicht werden.
Bei beweglichen Seitenwänden ist ein rationelles Ausmisten der gesamten Boxenreihe möglich. Allerdings ist in diesem Falle ein Einfahrttor in der Stallaußenwand vorzusehen.

6.11.4 Gitterstäbe

Die Zwischenräume der Gitterstäbe sollen max. 5 cm betragen. Wegen des höheren Widerstandsmomentes gegen Verbiegung sind Rohre einem Vollmaterial vorzuziehen. Bei Gitterführung bis zum Boden besteht Verletzungsgefahr, wenn nicht eine besonders verbiegungsfeste Ausführung gewählt wird. Empfohlen wird für die Stäbe eine feuerverzinkte Ausführung. Nur senkrechte Gitter sind zu verwenden.

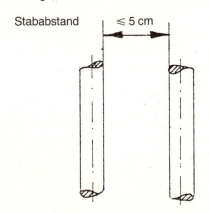

Stababstand $\leq$ 5 cm

6.11.5 Türen

Innentüren und Außentüren ohne Vordach
Höhe: Großpferde: 2,5 m
        Ponys: 2,0 m
Breite: 1,1 m
Außentür mit Vordach
Höhe: Großpferde: 2,25 m
        Ponys: 1,90 m
Breite: 1,10 m

6.11.6 Trog und Tränke

Die Freßfläche des Troges und die Tränke sollen ca. 1,0 m über der Grundfläche (bei Großpferden) liegen. Um hervorstehende Kanten zu vermeiden, wird dem Ecktrog (Inhalt ca. 50 l) gegenüber dem Rechtecktrog der Vorzug gegeben.
Die Tränke sollte dem Trog in der Box entgegengesetzt angeordnet werden.

Tränkebeckenhöhe   Troghöhe

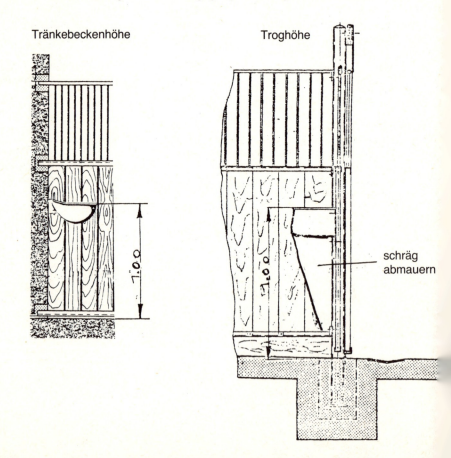

schräg
abmauern

6.11.7 Futterluke

Eine offene Futterluke sollte nicht höher als 25 cm sein. Als Alternative bietet sich eine schwenkbare Futterluke an, die sowohl im Gitter wie auch im Holz eingebaut werden kann.

Futterluke

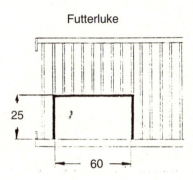

6.12 Anbindestand

Es ist erfreulich, daß der Ständer in der Pferdehaltung mehr und mehr an Bedeutung verliert, da er dem Pferd das erforderliche Mindestmaß an Bewegungsmöglichkeit vorenthält. Er bringt nicht nur arbeitswirtschaftliche Nachteile, sondern erhöht vor allem auch die Verletzungsgefahr bei Pferden und Menschen. Ist er trotz allem notwendig, sollten die folgenden Werte nicht unterschritten werden.

6.12.1 Größe

Großpferde: 1,60 x 3,00 m (einschl. Sicherheitsabstand)
Ponys bis 148 cm: 1,50 x 2,60 m
Ponys bis 120 cm: 1,40 x 2,20 m

6.12.2 Wandhöhe über Standfläche

Großpferde: 2,20 m (bei geschweiftem Gitter auslaufend bis 1,60 m)
Ponys bis 148 cm: 1,85 m
Ponya bis 120 cm: 1,55 m

6.12.3 Trog und Tränke

Wie in der Box.

6.13 Laufboxen

Für die Pferdeaufzucht haben sich Laufboxen bewährt. Bei Großpferden besteht jedoch eine gewisse Problematik bei der individuellen Kraftfutterversorgung.
Am besten haben sich im vorderen Futterplatzbereich senkrechte Rohre in einem lichten Abstand von 25 – 35 cm bewährt. Pro Pferd ist – je nach Größe – eine Freßplatzbreite von 50 – 70 cm anzusetzen. Die seitlichen Wände sind zweckmäßigerweise wie bei normalen Boxen in der Holz-Gitterkombination auszubilden.
Die Standfläche ist wegen der Matratze gegenüber dem Freßplatz tiefer zu legen, wobei der Freßplatz als gerade Fläche oder als Trog ausgebildet werden kann. Die Kante im Bereich des Troges ist stark abzurunden oder mit Holz auszubilden, damit Verletzungen vermieden werden. Der tiefste Punkt des Troges muß – auch bei hoher Matratze – stets noch höher als die Standfläche (Matratze) sein. Eine Höhe von 40 cm des Krippenbodens über der Standfläche sollte möglichst nicht unterschnitten werden.

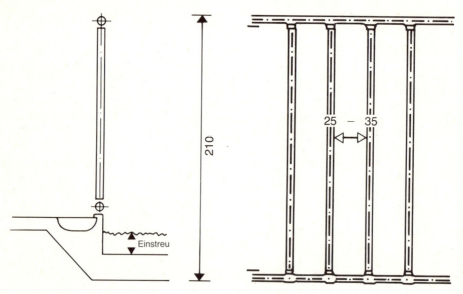

6.14 Offenstallhaltung

6.14.1 Eignung

Das Pferd ist seinem Ursprung nach ein in einem Herdenverband lebendes Wanderwild, das sich seinen Feinden durch Flucht entzieht. Es hat daher ein ausgeprägtes Bewegungs- und Beobachtungsbedürfnis, und zu seinem Wohlbefinden gehört der Kontakt zu Artgenossen. Aus diesem Grunde kommt die Offenstallhaltung dem natürlichen Verhalten des Pferdes sehr entgegen, zumal das Pferd durch anatomisch physiologische Gegebenheiten gegen Witterungseinflüsse weitgehend unanfällig ist. Dagegen sind Pferde ausgesprochen empfindlich gegen Luftverschmutzungen durch Staub (z. B. Pollenstaub) oder Schadgasbeimischungen (z. B. Ammoniak). Häufig führen derartige Belastungen des Pferdes zu chronischen Allergien oder Erkrankungen der Atemwege. Bei Offenstallhaltung treten diese Probleme kaum auf.

In der Zuchtpferdehaltung
Für güste Stuten, tragende Stuten und Jungpferde ist der Offenstall durchaus zu empfehlen. Die Tiere werden abgehärtet und damit leistungsfähiger, Stuten nehmen besser auf und fohlen leichter. Im großen Laufstall für Zuchtstuten hat es sich bewährt, mit ein paar Stangen einen Abfohlplatz für die jeweils fohlende Stute einzurichten. Hier bleibt die Stute im Herdenverband, dennoch kann dieser Platz gut saubergehalten werden.

In der Reitpferdehaltung
Für den kleinen Bestand des nicht turniersportlich ambitionierten Freizeitreiters bietet die Offenstallhaltung viele Vorteile. Für Betriebsformen, in denen Kontaktpersonen oder Pferdebestand oft wechseln, eignet sich der Offenstall weniger. Für Turnierpferde im Training ist der Offenstall ungeeignet, weil die Tiere täglich gearbeitet werden und schwitzen. Es besteht (besonders im Winter) Erkältungsgefahr, zum anderen muß das verschwitzte Pferd geputzt werden, wobei die von der Haut gebildete Schutzschicht, die für eine Offenstallhaltung notwendig ist, entfernt wird.

6.14.2 Standort

Als Standort sollte ein trockener, möglichst etwas erhöht liegender Baugrund gewählt werden. Es ist von Vorteil, wenn die Schutzhütte nicht mit der Einzäunung abschließt. sondern frei im Auslauf steht, da sich die Pferde je nach Witterung gern im (Wind-) Schatten des Gebäudes aufhalten.

6.14.3 Bauweise

Die Ausführung richtet sich nach der Größe des Pferdebestandes und den Ansprüchen des Halters; sie reicht von der einfachen, dreiseitig geschlossenen Weidehütte bis zur kompletten Anlage mit Freß- und Liegeplatz im Offenstall, Einzelboxen, Lagerräumen, Futter- und Sattelkammer usw. Die folgenden Beispiele zeigen eine »Grundausstattung« für zwei bis drei Pferde (kleiner Typ) und eine komplette Anlage für etwa vier Pferde (großer Typ).
Schutzhütten werden meist ohne Wärmedämmung gebaut, die Innentemperatur unterscheidet sich also kaum von der Außentemperatur. Eine leichte Dämmung der Dachfläche mildert die Aufheizung des Stalles bei hohen Sommertemperaturen und das Tropfen von Schwitzwasser in der kalten Jahreszeit. Ein ausreichender Luftwechsel ohne Zugluft wird über die offenen Eingänge, evtl. zusätzliche Lüftungsöffnungen im First sichergestellt.

Die Zugangsöffnung soll entgegen der Hauptwindrichtung orientiert sein. Es empfiehlt sich, die Schutzhütte in einen Liege- und einen Freßbereich zu unterteilen.

Kleiner Typ

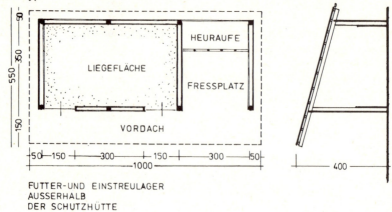

FUTTER- UND EINSTREULAGER
AUSSERHALB
DER SCHUTZHÜTTE

Schutzhütte »kleiner Typ«

Großer Typ

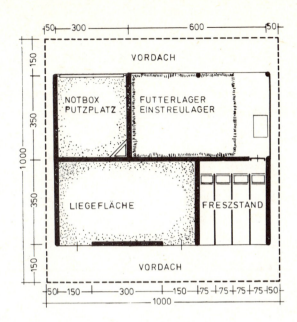

```
    |50|—300—|        —————600—————        |50|
    ┌ - - - - - - - - - - - - - - - - - - - - - ┐
150 |          VORDACH                          |
    |     ┌─────────┬──────────────────┐        |
    |     │ NOTBOX  │  FUTTERLAGER      │        |
350 |     │ PUTZPLATZ│  EINSTREULAGER   │        |
    |     │         │                  │        |
1000|     ├─────────┴───────┬──────────┤        |
    |     │                 │          │        |
350 |     │  LIEGEFLÄCHE    │ FRESZSTAND│       |
    |     │                 │          │        |
    |     └─────────────────┴──────────┘        |
150 |          VORDACH                          |
    └ - - - - - - - - - - - - - - - - - - - - - ┘
    |50|—150—|——300——|—150—|75|75|75|75|50|
              ————————1000————————
```

Schutzhütte »großer Typ«

Liegebereich

Nur selten suchen alle Pferde der Herde gleichzeitig die Liegefläche auf. Daher ist je Großpferd eine Liegefläche von 8 m² ausreichend. Das Niveau der Liegefläche sollte 15 – 20 cm über dem Niveau des Freßplatzes liegen. Der Zugang muß so breit sein, daß kein Pferd dem anderen den Weg blockieren kann. Besser sind zwei getrennte, voneinander entfernt liegende Eingänge. Der Liegebereich wird von der Längsseite erschlossen, damit kein Pferd in eine Ecke abgedrängt werden kann, sondern Fluchtraum zum Ausgang hin verbleibt.

Freßbereich

Um den Freßplatz leichter zu säubern, wird der Boden mit Beton, Pflaster o. ä. befestigt. Das Rauhfutter (Heu, Stroh) wird unter Dach in Vorratsraufen, Freßgittern oder Freßständen vorgelegt.

Zur Fütterung mit Kraftfutter werden die Pferde entweder angebunden oder im Freßstand versorgt.

Altgebäudenutzung

Vorhandene Altgebäude eignen sich oft sehr gut für die Pferdeauslaufhaltung. Art, Größe und Ausstattung der vorhandenen Gebäude sind ganz unterschiedlich, so daß hier keine generellen »Rezepte« für den Umbau gegeben werden können. Wo die Baugenehmigung für eine Schutzhütte im Außenbereich auf Schwierigkeiten stößt, kann die Nutzung vorhandener Gebäude in Verbindung mit einem kleinen Auslauf auf der Hofstelle eine praktikable Lösung bieten.

6.14.4 Kraftfutterversorgung

Während die Pferde Rauhfutter gemeinsam (Raufe) erhalten, muß Kraftfutter individuell gegeben werden.

Gut bewährt haben sich Freßstände, die jedem Tier einen separaten Freßplatz bieten. Sie sind für Großpferde 70 – 80 cm breit und 2,7 – 3,0 m lang. Die Seitenwände müssen geschlossen sein. Untersuchungen von ZEEB haben ergeben, daß Pferde im Freßstand anzubinden sind, um Rangordnungskämpfe während der Futterzeit zu vermeiden.

6.14.5 Tränken

Ein Pferd braucht täglich etwa 30 l Wasser, an heißen Tagen bis zur doppelten Menge. Im Idealfall grenzen Weiden und Auslauf an ein sauberes Gewässer, das auch im Winter nicht zufriert. Hier wäre lediglich die Tränkestelle zu befestigen, um Moraststellen zu vermeiden.

Ist Wasseranschluß erreichbar, ist Wasser über ein frostsicher zu verlegendes Kunststoffrohr heranzuführen. Ist auch Elektroanschluß vorhanden, kann eine beheizbare Selbsttränke eingebaut werden. Andernfalls empfiehlt sich die Befüllung größerer Wannen. Gut bewährt haben sich auch Wasserwagen mit angeschlossener Selbsttränke.

6.15 Nebenräume

Um den Stall zu einer Funktionseinheit werden zu lassen, kommt den Nebenräumen nahezu die gleiche Bedeutung zu wie den Boxen.

6.15.1 Sattelkammer

Die Sattelkammer birgt ein Vermögen, in der Regel mehr als 1000 DM je Pferd. Sie soll aber nicht nur ein diebstahlsicherer Aufbewahrungsraum, sondern gleichzeitig ein Arbeitsraum sein. Man sorge für gute Lüftung und viel Licht, auch für Wasseranschluß. Zum Trocknen der Satteldecken und des Leders muß eine Heizung vorhanden sein. Sättel hängt man max. dreifach übereinander, Trensen und Kandaren nebeneinander. Die Größe der Sattelkammer hängt von der Zahl der Pferde ab, soll je Pferd ca. 1,25 m², jedoch mindestens 15 m² groß sein.

6.15.2 Schmiede

Von einer Bestandsgröße ab 10 Pferden ist die Einrichtung eines Raumes für Hufbeschlagsarbeiten zu empfehlen. Dieser Raum soll eine Größe von 4,5 x 3,75 m nicht unterschreiten (s. Abbildung). Er kann auch als Behandlungsraum für den Tierarzt genutzt werden.

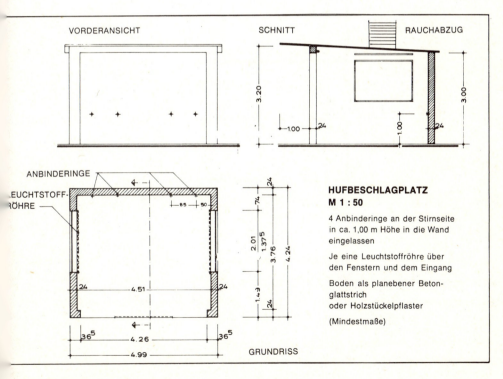

VORDERANSICHT

SCHNITT

RAUCHABZUG

ANBINDERINGE

LEUCHTSTOFFRÖHRE

**HUFBESCHLAGPLATZ
M 1 : 50**

4 Anbinderinge an der Stirnseite in ca. 1,00 m Höhe in die Wand eingelassen

Je eine Leuchtstoffröhre über den Fenstern und dem Eingang

Boden als planebener Betonglattstrich oder Holzstückelpflaster

(Mindestmaße)

GRUNDRISS

6.15.3 Solarium, Kühlstand

Solarien (Pferdebesonnungsanlagen mit Warmlicht und/oder ultraviolett) haben sich in vielen Betrieben bewährt. Das gleiche gilt für Kühlstände mit Wasserzulauf und -abführung. Der Platzbedarf entspricht etwa jeweils dem einer Box.

6.15.4 Krankenbox (Isolierbox)

Von einer Bestandsgröße von 20 Pferden an ist die Errichtung isolierter Krankenboxen (mindestens 2, besser 3) zur Absonderung von Pferden, die an einer ansteckenden Krankheit erkrankt sind oder zur vorübergehenden Quarantäne von Neuzugängen zu empfehlen. Jedoch empfiehlt sich die Einrichtung auch bei kleineren Beständen. Die hierfür erforderlichen Investitionen werden durch die Einsparung an Tierarztkosten bald aufgewogen.
Die Boxen müssen baulich vom übrigen Stall getrennt sein. Bei Unterbringung im gleichen Gebäude ist die Anlage als Außenbox zu empfehlen (s. Skizze).

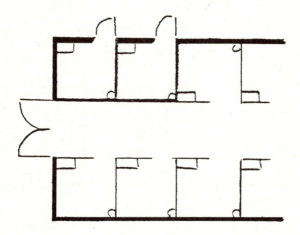

6.15.5 Futterlagerung

Die erforderliche Lagerraumgröße richtet sich nach der Bestandsgröße, der Art der Futtermittel und der Lagerdauer.
Immer noch sind Heu und Hafer die gebräuchlichsten Futtermittel. Stroh dient vorwiegend als Einstreu, deckt aber auch teilweise den Rauhfutterbedarf. Eine übliche Tagesration für Großpferde bei leichter bis mittlerer Beanspruchung besteht aus:
  5 – 6 kg Heu
  4 – 5 kg Hafer (bei Kleinpferden reicht etwa ein Drittel)
    5 kg Stroh als Einstreu und zusätzliches Rauhfutter.

Wegen der günstigeren Heupreise zum Erntetermin sollte man möglichst den ganzen Wintervorrat für rund 200 Winterfuttertage einlagern können.

Raumbedarf für Heulagerung

Lagermenge 5 – 6 kg/Pferd und Tag 200 Tage	Aufbereitung und Einlagerung	Raumgewicht	Erforderlicher Lagerraum einschließlich 25 – 30% Leerraumanteil
10 – 12 dt	Heu-Langgut	$0,75 \ dt/m^3$	$17 - 20 \ m^3$
	Heu-HD-Ballen ungeschichtet	$1,5 \ dt/m^3$	$9 - 11 \ m^3$
	Heu-HD-Ballen gestapelt	$1,8 \ dt/m^3$	$7 - 9 \ m^3$

Der Lagerraum für Stroheinstreu soll im allgemeinen einen 3-Monats-Vorrat aufnehmen können.

Raumbedarf für Strohlagerung

Lagermenge 5 kg/Pferd und Tag 90 Tage	Einlagerung	Raumgewicht	Erforderlicher Lagerraum einschließlich 25 – 30% Leerraumanteil
4,5 dt	Stroh-HD-Ballen ungeschichtet	$0,7 \ dt/m^3$	$7 \ m^3$
	Stroh-HD-Ballen gestapelt	$1,0 \ dt/m^3$	$6 \ m^3$

Raumbedarf für Haferlagerung

Lagermenge 5 kg/Pferd und Tag 180 Tage	Einlagerung	Raumgewicht	Erforderlicher Lagerraum einschließlich 25 – 30% Leerraumanteil
9 dt	lose	$6,0 \ dt/m^3$	$2 \ m^3$

Im kleinen Pferdebestand wird das Kraftfutter in der Regel nach Bedarf als Sackware ohne Vorratshaltung gekauft.

Ab einer Bestandsgröße von 20 Pferden ist die Anschaffung eines Silos zur Lagerung von Hafer und pelletiertem Mischfutter zu empfehlen. Der Bezug von losem Mischfutter ist sehr rationell und mit erheblichen Preisvorteilen verbunden (Einsparung von Sackkosten). Das Mischfutterwerk fährt den Tankwagen bis an den Silo. Sauber und ohne Verluste wird das Futter aus dem Tankzug in den Silo geblasen. So wird das Mischfutter raumsparend gelagert. Der manuelle, zeitaufwendige Transport von Säcken entfällt. Futterreste in Papiersäcken werden vermieden. Papiersackabfälle und deren

Abtransport fallen nicht an. Innen- und Außensilos aus Diolen, Metall oder glasfaserverstärktem Kunststoff werden von der Industrie in verschiedenen Ausführungen angeboten. Unerläßlich ist, daß vorhandene Silos regelmäßig möglichst vor jeder Lieferung und besonders während der warmen Jahreszeit daraufhin überprüft werden, ob durch Kondenswasserbildung oder ähnliche Einflüsse Verunreinigungen oder Futterverklumpungen entstanden sind. Gegebenenfalls muß eine gründliche Säuberung erfolgen.

Der Futterlagerraum muß gut lüftbar sein. Eine Bodenisolierung ist zwingend.

Selbst trocken eingelagertes Heu zieht Feuchtigkeit an. Durch Verwendung von trockenem Stroh als untere Lage ist eine Bodenisolierung mit einfachen Mitteln möglich.

7. Weide und Paddock

Vor allem bei Sportpferden, die den größten Teil des Tages in der Box stehen, kommt dem Auslauf nicht nur für die physische, sondern besonders auch für die psychische Gesunderhaltung eine außerordentliche Bedeutung zu. Diese Wirkung wird durch den gleichzeitigen Auslauf mehrerer Pferde (Sozialkontakt) erhöht. In diesem Falle ist jedoch auf die Verträglichkeit der Gruppe zu achten.

7.1 Weide

Eine Weide erfüllt diese Voraussetzungen optimal. Sie nimmt jedoch viel Raum in Anspruch. Die Richtzahl 1/2 ha je 500 kg Lebendgewicht bezieht sich auf die typische Weidehaltung ohne wesentliche Zufütterung. Für Zuchtpferde und die Aufzucht ist sie unabdingbare Voraussetzung. Das gilt nicht, wenn die Weide lediglich zum kurzfristigen Laufenlassen benutzt wird.
Die zweckmäßige Einzäunung ist von großer Wichtigkeit. Für Pferde hat sich imprägniertes Holz hervorragend bewährt. Auf den Holzlatten ist zweckmäßigerweise ein durchgehender glatter Draht zu befestigen. Das verhindert das Benagen und bedeutet zusätzliche Sicherheit beim Bruch der Holzlatten. Bewährt hat sich auch ein in geringem Abstand (ca. 20 cm) vor den Latten gespannter Elektrodraht.
Ein Elektrozaun als alleinige Einzäunung genügt nicht. Als zusätzliche Sicherheit leistet er jedoch gute Dienste.
Aus Kostengründen wird in vielen Fällen nur Draht gezogen. Auf keinen Fall darf Stacheldraht verwendet werden! Gefährlich ist auch das für Schafe gut geeignete Knotengitter. Die zur Pflege der Grasnarbe sehr günstige Misch- oder Wechselnutzung durch Pferde **und** Schafe wird in der Praxis durch die unterschiedlichen Anforderungen an die Einzäunung leider sehr erschwert.
Seit einigen Jahren hat sich Einzäunung aus Gummigurten (Breite ca. 10 cm) gut bewährt.

7.2 Paddock

Der Paddock kann die Weide zwar nicht ersetzen, gibt aber auch auf beengtem Raum dem Pferd die Möglichkeit, sich selbst zu bewegen. Er kann unter Verwendung von Holz, Gummigurten oder Stahlrohren eingezäunt werden. (Mindesthöhe 1,60 m, bei waagrechter Anbringung der Querstreben Abstand von max. 40 cm). Dabei soll die untere Stange 60 cm oberhalb des Erdbodens angebracht sein.

7.2.1 Größe

Für 2 – 3 Pferde ist ein Auslauf von etwa 10 x 30 m angemessen. Diese Fläche erlaubt schon einige Galoppsprünge.
Hat man viel Platz, kann man bei einer Fläche von 20 x 40 m die Nutzung als Auslauf und Reitplatz kombinieren.

Grundsätzlich gilt für den Auslauf: Ein kleiner Auslauf ist besser als gar keiner, bietet er auch keinen Bewegungsanreiz, so doch Umweltkontakt und Klimareiz. Je größer die Fläche, desto besser.
Ein langer, schmaler Auslauf bietet mehr Bewegungsanreiz als ein quadratischer.

7.2.2 Boden

Ideal ist der natürliche Grasboden, gleichzeitig elastisch und haltgebend. Leider verwandeln ihn auf kleiner Fläche Niederschläge und Pferdehufe in kurzer Zeit zu Morast. Man muß den Auslaufboden daher entweder befestigen, damit Regenwasser oberflächlich abgeführt wird, oder durchlässig erhalten, damit Niederschläge schnell im Untergrund versickern.

. . . bei durchlässigem Untergrund
Durchlässig sind Sand-, Kies- oder Schotterböden, lehmige Sande und ähnliche porige Böden. Nach Abtrag des Mutterbodens wird auf dem Untergrund ein Kunststoffvlies aus Polyester-, Polypropylen oder Polyamid ausgelegt. Darauf wird als Tretschicht eine etwa 15 cm starke Sandschüttung (Körnung 0,2 – 3 mm Ø mit geringem Feinkornanteil) aufgebracht. Das Vlies ist wasserdurchlässig, verteilt den Druck der Pferdehufe und trennt die Tretschicht vom tragenden Untergrund (Schutz vor Verschlämmen durch Feinbestandteile).

AUSLAUF MIT SAND-
SCHÜTTUNG BEI DURCH-
LÄSSIGEM UNTERGRUND

15 cm Sandschüttung
Körnung ø 0,2 - 4 mm
Vlies aus Kunststoff-Fasern

Gewachsener Boden

... bei undurchlässigem Untergrund

Schwere, undurchlässige Lehm- oder Tonböden müssen durch Dränagen wasserabführend gemacht werden.

Nach dem Abschieben des Mutterbodens werden in Abständen von 5 – 10 m parallel ummantelte Dränrohre in Gräben mit 0,5 – 1% Gefälle verlegt und an eine Sammelleitung angeschlossen. Eine wasserdurchlässige Tragschicht aus Kies, Schotter oder Schlacke führt das Niederschlagswasser zu den Dränsträngen. Darüber werden Vlies und Tretschicht wie oben beschrieben aufgebaut.

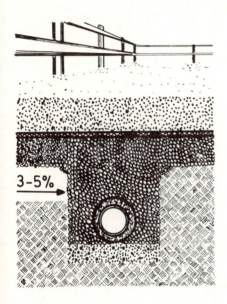

AUSLAUF MIT SAND-SCHÜTTUNG BEI UNDURCH-LÄSSIGEM BODEN

15cm Sandschüttung

Vlies aus Kunststoff-Fasern

10 - 25 cm Grobkies, Schotter, Schlacke o. ä.

Ummanteltes Dränrohr

Sandbett

Gewachsener Boden

7.2.3 Pflege

Nur der gepflegte Paddock bleibt sauber und funktionsfähig. Der Mist sollte täglich entfernt werden.

Durch gelegentliches Harken muß der Sand der Tretschicht gleichmäßig verteilt werden. Ohne Sandauflage würden die Hufe die trennende Vliesschicht zerstören.

8. Hinweise für die Bauvorbereitung und Baudurchführung

Vor der Bauplanung ist eine Beratung durch die zuständigen Verbände unter Hinzuziehung der landwirtschaftlichen Bauberatung zu empfehlen. Bei der Inanspruchnahme von Zuschüssen (öffentlichen Mitteln) muß die der letztgenannten Stelle zwingend eingeschaltet werden. Der Architekt ist möglichst von Anfang an zu beteiligen. Erst dann ist es zweckmäßig, mit anerkannten Firmen Verhandlungen aufzunehmen.

Bauberatung und Bauplanung
Aus Kostengründen sollte mit der endgültigen Planung erst dann begonnen werden, wenn die Bauberatung abgeschlossen ist. Die Planung ist zweckmäßigerweise so aufzubauen, daß eine spätere Durchführung der Gesamtbaumaßnahme in Teilabschnitten ohne Umplanungen möglich ist. Vor Baubeginn sind die erforderlichen Genehmigungen einzuholen.

Baudurchführung
Mit den Bauarbeiten darf erst begonnen werden, wenn alle hierfür erforderlichen Genehmigungen vorliegen. Bei Inanspruchnahme öffentlicher Finanzierungsmittel ist besonders darauf zu achten, daß die Bauarbeiten erst nach Bewilligung dieser Mittel begonnen werden dürfen. Ein vorzeitiger Baubeginn hebt die Bewilligung der öffentlichen Mittel automatisch auf. Für die Bauüberwachung ist entsprechend der jeweiligen Landesbauordnung ein sogenannter verantwortlicher Bauleiter notwendig.

Kosten und Finanzierung
Eine endgültige Kostenermittlung kann erst dann erfolgen, wenn entsprechend dem Raumprogramm die Konstruktion sowie die vorgesehenen Baumaterialien festgelegt sind.

Ablauf einer Gesamtplanung
1. Standortwahl durch Bauherr
2. Verhandlung mit Stadt/Gemeinde durch Bauherr
3. Bauvoranfrage an Stadt/Gemeinde durch Architekt
4. Bauberatung durch Architekt und Fachämter
5. Bauplanung durch Architekt gemeinsam mit Bauherrn
6. Aufstellung eines Kostenvoranschlages nach umbautem Raum oder bebauter Fläche durch Architekt nach DIN 276
7. Aufstellung eines Finanzierungsplanes (zugleich Beantragung der öffentlichen Mittel, der Hypothekendarlehen, Aufstellung einer Spendenliste und Aufstellung der vorgesehenen Eigenleistungen) durch Architekt mit Bauherrn
8. Baugenehmigung an Stadt/Gemeinde durch Architekt
9. Abwarten der Baugenehmigung und der Finanzierungszusagen
10. Vor Baubeginn Abschluß von entsprechenden Versicherungen wie Bauwesen-, Feuer-, Sturm-, Haftpflichtversicherung und andere durch Bauherrn
11. Baudurchführung nach vorheriger Ausschreibung sämtlicher Arbeiten durch Architekten sowie Rohbau und Gebrauchsabnahme durch Behörde
12. Bei Durchführung von Arbeiten in Eigenleistung Meldung vor Baubeginn an die zuständige Bauberufsgenossenschaft
13. Einhaltung aller mit dem Bau verbundenen zusätzlichen Vorschriften
14. Bauabrechnung und Aufstellung der notwendigen Verwendungsnachweise für die

in Anspruch genommenen Finanzierungsmittel durch Architekt mit Bauherrn
15. Fristen vormerken für die Gewährleistung (VOB 2 – BGB 5 Jahre)

Vor Einreichung der Planunterlagen zur Genehmigung ist gegebenenfalls bei verschiedenen Fachfirmen Nachfrage zu halten, inwieweit Standardpläne und statische Berechnungen von diesen Firmen für die Durchführung des Projektes zur Verfügung gestellt werden können. Hierdurch kann ein Teil der Architekten- und Ingenieurleistungen für Planung und Statik eingespart werden. Auf eine fachmännische Beratung durch Architekt oder Ingenieur kann jedoch auch in diesem Falle nicht gänzlich verzichtet werden, zumal für die Bauüberwachung (Bauleitung an Ort und Stelle) die Einschaltung eines Architekten oder Ingenieurs unerläßlich ist.

Literaturnachweis

1. »Untersuchungen zur Planung von Reitanlagen«, U. Schnitzer, Karlsruhe KTBL-Bauschrift Heft 6/1970
2. »Der Bau von Reitanlagen«, U. Schnitzer, Karlsruhe, Forschungsauftrag des ehemaligen Institutes für Sportstättenbau/DSB, Köln
3. »Reitanlagen – Beispielentwürfe«, U. Schnitzer, Karlsruhe, KTBL-Schrift 162
4. »Reitbahnbeläge«, Forschungsauftrag im Auftrag des Bundesinstitutes für Sportwissenschaft, durchgeführt von der Amtlichen Forschungs- und Materialprüfungsanstalt für das Bauwesen, Otto-Graf-Institut der TU Stuttgart
5. »TVT« Technische Vorschriften für Tragschichten der Forschungsgesellschaft für Straßenwesen, Köln
6. »Außen- und Hallenbeläge von Reithallen«, Berichtsheft des Bundesinstitutes für Sportwissenschaft 1974
7. Jahresberichte der Deutschen Reiterlichen Vereinigung e. V., 4410 Warendorf
8. Datensammlung Pferdehaltung-Deutsches Warmblut
   KTBL Kuratorium für Technik und Bauwesen in der Landwirtschaft
   2. Auflage 1976
   KTBL Schriftenvertrieb im Landwirtschaftsverlag GmbH
   4400 Münster-Hiltrup
9. Pferdeställe und Pferdehaltung
   Pirkelmann/Schäfer/Schulz – Verlag Eugen Ulmer, Stuttgart 1976
10. Auslaufhaltung – Artgerechte Pferdehaltung
    J. Marten, KTBL, Darmstadt
11. Betriebswirtschaftslehre für Reitbetriebe
    FN-Verlag, 4410 Warendorf 1
12. »Pferde für Turnier und Freizeit, Haltung – Markt – Kauf«, K. Zeeb, P. Krautwig, B. Huskamp, W.O. Kranzbühler, DLG-Manuskript, Mai 1982
13. »Pferdeverhalten und Pferdehaltung«, K. Zeeb, U. Schnitzer in »Handbuch der Pferde«, F. Gramatzki, Verlag H. Kamlage, Osnabrück

Firmenverzeichnis

Die nachstehende Aufstellung ist nicht vollständig. Viele der aufgeführten Firmen sind der Deutschen Reiterlichen Vereinigung (FN) und dem sie beratenden Arbeitskreis »Reitanlagen und Stallbau« (siehe S. 4) nicht bekannt. Die Aufstellung erfolgt ohne Gewähr.

1. Planung und Bau von Gesamtanlagen

Adelmann GmbH, Postfach 1150, 8782 Karlstadt/Main, Tel. (093 53) 558, Tx 689724

Annas-Stahlbau, Otto-Hahn-Str. 18, 4400 Münster, Tel. (025 34) 70 61

Dach + Wand GmbH, Wiesenstr. 3/5, 7502 Malsch/Sulzbach

Futterbox '81 TeGe, Salzufer 13, 1000 Berlin

Gorter Stahlbau GmbH, 4993 Rahden 2, Tel. (057 76) 449

Kirst, Hans, KG, Burgstraße, 5581 Irmenach/Hrs., Tel. (065 41) 60 45-46

Phönix Maschinen- u. Apparatebau GmbH, Desco-Str. 10, 7510 Karlsbad 2, Tel. (072 48) 10 41−44

System-Ing-Holzbau-GmbH, 2724 Ahausen, Tel. (042 69) 55 53−54

Schmidt-Ankum, Dr. Schmidt, Postfach 1169, 4554 Ankum, Tel. (054 62) 556

1.1 Reithallen/Longierhallen
1.1.1 Gebäude

Achberger, Karl, KG, Gutenbergstr. 7, 8903 Bobingen 1, Tel. (082 34) 20 01

Adelmann GmbH, Postfach 1150, 8782 Karlstadt, Tel. (093 53) 558, Tx 689724

Annas-Stahlbau, Otto-Hahn-Str. 18, 4400 Münster, Tel. (025 34) 70 61

Anspach, Gottfr.-Jos., Hauptstr. 23, 6502 Mainz-Kostheim, Tel. (061 34) 63 78 4

Bergstedt, Alfred, Max-Planck-Str. 5, 2810 Verden (Aller), Tel. (042 31) 67 61 77

Burgbacher, Christian, Postfach 46, Schmutterstr. 25, 7218 Trossingen, Tel. (074 25) 74 44

Conrads, Alfons, Industriestraße-Mausbach, 5190 Stolberg, Tel. (024 02) 70 74

Derix, W. u. J., GmbH & Co., Dam 63, 4055 Niederkrüchten, Tel. (021 63) 84 88

Deuter, Industriewerke, Postfach 120, 8900 Augsburg 31, Tel. (082 34) 20 01

Euro-Fertigbau, Josef Schuh GmbH, Postfach 1230, 6690 St. Wendel 1, Tel. (068 54) 265

Fink-Stallbau, Kühnhardt 27, 8805 Feuchtwangen, (Longierhallen)

Fritz KG, Postfach 1506, Eisenbahnstr. 124, 7400 Tübingen, Tel. (070 71) 3 10 31

Fürst zu Fürstenberg KG, Postfach 109, 7713 Hüfingen, Tel. (0771) 606(0)−141

Gorter Stahlbau GmbH, 4993 Rahden 2, Tel. (057 76) 449

Gröber GmbH, 7951 Füramoos, Gemd. Eberhardzell, Tel. (073 58) 435 u. 436

Groß, Heinrich, Postfach 1307, 6990 Bad Mergentheim

Grossmann, B., KG, Postfach 169, 8200 Rosenheim

Härle, Karl, KG, Postfach 1406, Bleicherstr. 38, 7950 Biberach, Tel. (073 51) 77 11

Hambach, Phil., Moselweißerstr. 115, 5400 Koblenz, Tel. (0261) 4 40 04 u. 5

Hansen & Detlefsen GmbH, Postfach 1243, Ostenfelder Str. 70-82, 2250 Husum, Tel. (048 41) 7 10 66

HBB-Holzbau GmbH, Mindeltalstr. 1, 8872 Burgau, Tel. (082 22) 30 66

Hess, Anton, Postfach 1460, 8760 Miltenberg/Main, Tel. (093 71) 50 51−53

Hirtreiter GmbH, Obersunzing 81, 8448 Leiblfing, Tel. (094 27) 336

Hobein, Wilh., GmbH, Postfach 600266, 4630 Bochum 6 (Wattenscheid), Tel. (023 27) 8 70 08 u. 9

Hodenhagen. Langenkamp 2, 4990 Lübbecke, Tel. (057 41) 2 05 57

Höhn, Berthold, Postfach 1265, 5438 Westerburg-Kölbingen, Tel. (026 63) 42 27

Hüttemann GmbH + Co. KG, Postfach 1261, 5737 Olsberg 1, Tel. (02962) 2011

Jünck GmbH, Gemenwirthe 12, 4280 Borken 1, (Longierhallen)

Kirschner GmbH & Co. KG, Münsterstr. 200, 4408 Dülmen, Tel. (02594) 131

Kunstin, Heinrich & Sohn, 3421 Hörden/Harz, Tel. (05521) 2071−2

Langermann, Josef, GmbH, 4554 Ankum, Tel. (05462) 1939

Losberger GmbH & Co. KG, Postfach 1210, 7519 Eppingen, Tel. (07262) 1011

Lux, O. & Co., Postfach 10, 8542 Roth b. Nürnberg, Tel. (09171)2071−3

Merk, Karl, Industriestr. 10, 8890 Aibach/Ecknach, Tel. (08251) 3044

Philipp, Robert, GmbH & Co. KG, 7177 Untermünkheim, Tel. (0791) 8021

Poppensieker Baugesellschaft mbH, Postfach 1252, Industriestr. 24, 4534 Westerkappeln 2-Velpe, Tel. (05456) 515−519

Pritzer GmbH, Postfach 158, 5248 Wissen/Sieg, Tel. (02742) 3071+4

Prümer, Kruckel GmbH & Co. KG, Postfach 1044, 5540 Prüm, Tel. (06551) 3078

Rathgeber KG, Leonberger Str. 23, 7032 Sindelfingen, Tel. (07031) 801059

Rein & Sänger KG, 3565 Breidenbach-Oberdieten, Tel. (06465) 317-3

Schaffitzel GmbH & Co., Postfach 130109, Herdweg 23, 7170 Schwäbisch Hall-Sulzdorf, Tel. (07907) 2051

Schleifenbaum, August, KG, Formerstr. 23, 5900 Siegen 21, Tel. (0271) 72351−3

Schmidt-Ankum, Dr. Schmidt, Postfach 1169, 4554 Ankum, Tel. (05462) 556

Schmidt, Ernst, GmbH & Co. KG, Abbenflether Hafenstr. 26, 2160 Stade, Tel. (04146) 1048

Schröder GmbH, Postfach 1248, 6382 Friedrichsdorf, Tel. (06007) 625

Schütt, Gebr., Am Bahnhof 20, 2211 Flethsee, Tel. (04858) 884

Stephan, Paul, GmbH & Co., Postfach 30, Gartenstraße, 7160 Gaildorf, Tel. (07971) 7011

System-Ing-Holzbau GmbH, 2724 Ahausen, Tel. (04269) 5553−54

Timmermann, Friedrich, Mühlhauserstraße 25−29/37, 4618 Kamen-Heeren, Tel. (02307) 40308

Wiedmann, Lothar, 7883 Rheinfelden-Minseln, Tel. (07623) 5622

Wolff-Industrie- und Anlagenbau GmbH, Postfach 110145, 3470 Höxter 11, Tel. (05275) 594

Wollmann, Pappelweg 3, 6114 Groß-Umstadt

1.1.2 Beregnungsanlagen

Evers, Wilfried, Kyotostr. 21, 5000 Köln 1, Tel. (0221) 131299

R. Hobeny, GmbH, Telgter Straße 22, 4402 Greven 1, Tel. (02571) 1263

Jülich, Wilhelm, Rhodiusstraße 35, 5000 Köln 80

Perrot-Regnerbau GmbH & Co., Postfach 1352, Bischofstraße 54, 7260 Calw

1.1.3 Be- und Entlüftungssysteme

Fuchs, Johs, KG, Postfach 1340, Leonberger Str. 38-46, 7257 Ditzingen, Tel. (07156) 3510

Laake Stalltechnik GmbH, 4453 Langen/Krs. Emsland, Tel. (05904) 515

Luft + Klima GmbH, Fugger-Str. 13, 4400 Münster-Hiltrup, Tel. (02501) 6022−24

1.2 Ställe
1.2.1 Komplette Ställe/Weideställe

Adelmann GmbH, Postfach 1150, 8782 Karlstadt/Main, Tel. (09353) 558, Tx 689724

Annas-Stahlbau, Otto-Hahn-Str. 18, 4400 Münster, Tel. (02534) 7061

Büning, Alois, Emmericher Straße 11−19, 4230 Wesel, Tel. (0281) 22414

Dach + Wand GmbH, Wiesenstr. 3/5, 7502 Malsch/Sulzbach

Fink Stallbau, Kühnhardt 27, 8805 Feuchtwangen

Gorter Stahlbau GmbH, 4993 Rahden, Tel. (05776) 449

Günther, Raymund, Schloßstraße 2, 5277 Marienheide Gimborn, Tel. (02264) 7468, (02266) 7006

Hoffmeister, Silscheder Str. 89, 4322 Sprockhövel 2, Tel. (02332) 10290

Kirst, Hans, KG, Burgstraße, 5581 Irmenach/Hsr. Tel. (06541) 604546

Laake Stalltechnik GmbH, 4453 Langen/Krs. Emsland, Tel. (05904) 515

Kora-Landtechnik, G. Korselt, Rocholisberg, 5608 Radevormwald, Tel. (02195) 1383

Phönix Maschinen- u. Apparatebau GmbH, Desco-Str. 10, 7510 Karlsbad 2, Tel. (07248) 1041-44

Roosen GmbH, Natt 7, 4054 Nettetal 1, Tel. (02153) 71286

System-Ing-Holzbau-GmbH, 2724 Ahausen, Tel. (04269) 5553-54

Schmidt-Ankum, Dr. Schmidt, Postfach 1169, 4554 Ankum, Tel. (05462) 556

Treiber GmbH, Ruppmannsburg 27, 8546 Thalmässing

Wenig, Bernhard, Kleine Reihe 21, 3370 Seesen/Harz, Tel. (05381) 1995, Tx 957428

1.2.2 Innenboxen

Adelmann GmbH, Postfach 1150, 8782 Karlstadt/Main, Tel. (09353) 558, Tx 689724

Alber, Josef, KG, Radolfzeller Straße 13, 7768 Stockach/Baden, Tel. (07771) 2023

Blanz, J., GmbH, Sportplatzstr. 50, 8318 Bodenkirchen, Tel. (08745) 1081

Büning, Alois, Emmericher Straße 11−19, 4230 Wesel, Tel. (0281) 22414

Dach + Wand GmbH, Wiesenstr. 3/5, 7502 Malsch/Sulzbach

Eiberg, Braunsberg 68, 5060 Bergisch-Gladbach 4, Tel. (02207) 6239

Euro-Fertighaus, Josef Schuh GmbH, Industriegelände, 6690 St. Wendel/Bliesen, Tel. (06854) 7901

Fink Stallbau, Kühnhardt 27, 8805 Feuchtwangen

Fuchs, Johs., KG, Postfach 1340, Leonberger Straße 38-46, 7257 Ditzingen, Tel. (07156) 3510

Garbe, 3007 Gehrden-Leveste, Tel. (05108) 2997

Goldstar GmbH, Postfach 127, 2952 Weener/Ems, Tel. (04951) 3535

Gorter Stahlbau GmbH, 4993 Rahden 2, Tel. (05776) 449

Hans, Rudolf, Wittbräucker Straße 482, 4600 Dortmund 30

Hermes GmbH, Postfach 69, 7174 Ilshofen-Eckartshausen

Jünck GmbH, Gemenwirthe 12, 4280 Borken

Kora-Lantechnik, G. Korselt, Rocholisberg, 5608 Radevormwald, Tel. (02195) 1382

Krosender GmbH, Industriestr. 12, 8313 Vilsbiburg

Laake GmbH, 4453 Langen/Krs. Emsland, Tel. (05904) 515

Lagemann GmbH, Am Schwedsberg, 4554 Ankum, Tel. (05462) 1939

Pfitzner, G., 5778 Meschede 3, Tel. (02903) 6669

Phönix Maschinen- u. Apparatebau GmbH, Desco-Str. 10, 7510 Karlsbad 2, Tel. (07248) 1041-44

Pfleiderer, 8430 Neumarkt/Obf.

Roosen GmbH, Natt 7, 4054 Nettetal 7, Tel. (02153) 71286

Schöttstall, Hans Siegel, Kohlerstr. 5-7, 8874 Leipheim/Donau, Tel. (08221) 7777

Wenig, Bernhard, Kleine Reihe 21, 3370 Seesen/Harz, Tel. (05381) 1995, Tx 957428

Winter-Gerätebau, Wehrdaer Straße 141, 3550 Marburg/Lahn, Tel. (06421) 82852

1.2.3 Stallbodenbeläge

Adelmann GmbH, Postfach 1150, 8782 Karlstadt/Main, Tel. (09353) 558, Tx 689724

Dallmer OHG, Wiebelsheide 25, 5760 Neheim-Hüsten, Wiebelsheide 25, Tel. (02932) 4678

Fuchs, Joh., KG, Postfach 1340, Leonberger Str. 38-46, 7257 Ditzingen, Tel. (07156) 3510

Hanke, M., Richard-Seiffert-Str. 26, 5060 Berg.-Gladbach

Günther, Raymund, Schloßstraße 2, 5277 Marienheide/Fimborn, Tel. (02264) 7468, (02266) 7006

Laake Stalltechnik GmbH, 4453 Langen/Krs. Emsland, Tel. (05904) 515

Phönix-Maschinen- u. Apparatebau GmbH, Desco-Str. 10, 7510 Karlsbad 2, Tel. (07248) 1041-44

1.2.4 Tränken, Tröge, Raufen

Adelmann GmbH, Postfach 1150, 8782 Karlstadt/Main, Tel. (09353) 558, Tx 689724

Alber, Josef, KG, Radolfzeller Straße 13, 7768 Stocknach/Baden, Tel. (07771) 2023

Alron Sport GmbH, Schulweg 4, 7900 Ulm, Tel. (0731) 54500

Blanz, J., GmbH, Sportplatzstr. 50, 8318 Bodenkirchen, Tel. (08745) 1081

Büning, Alois, Emmericher Straße 11-19, 4230 Wesel, Tel. (0281) 22414

Fink-Stallbau, Kühnhardt 27, 8805 Feuchtwangen

Fuchs, Johs., KG, Postfach 1340, Leonberger Straße 38-46, 7257 Ditzingen, Tel. (07156) 3510

Goldstar GmbH, Postfach 127, 2952 Weener/Ems, Tel. (04951) 3535

Gorter GmbH, 4993 Rahden 2, Tel. (05776) 449

Horizont GmbH, Homberger Weg 4-6, 3540 Korbach

Laake GmbH, 4453 Langen/Krs. Emsland, Tel. (05904) 515

Lister GmbH, Geräte f. Pferdehaltung, 5880 Lüdenscheid

Pfitzner, G., 5778 Meschede 3, Tel. (02903) 6669

Phönix-Maschinen- u. Apparatebau GmbH, Desco-Str. 10, 7510 Karlsbad 2, Tel. (07248) 1041-44

Ritz-Reitsport, Dreihornstraße 7, 3000 Hannover 51, Tel. (0511) 644622

Schmitz, Hans-Toni, Siemensstr. 7, 4056 Schwalmtal 2, Tel. (02163) 2438

Schöttstall, Hans Siegel, Kohlerstr. 5-7, 8874 Leipheim/Donau, Tel. (08221) 7777

Winter-Gerätebau, Wehrdaer Straße 141, 3550 Marburg/Lahn, Tel. (06421) 82852

1.2.5 Be- und Entlüftung (s. 1.1.3)

1.2.6 Nebenräume

1.2.6.1 Schmiedeeinrichtung

Ackermann, Gerhard, Kessingstraße 23, 4300 Essen 14

Faure International, Engelfriedshalle 9, 7400 Tübingen

Hesemann Hufeisen Hammerau GmbH & Co., Fertigungs- und Handels KG, Drususstraße 16, 4000 Düsseldorf

Horn Tierzuchtgeräte, Lilienstraße 27, 4408 Dülmen

1.2.6.2 Sattelkammereinrichtungen

Adelmann GmbH, Postfach 1150, 8782 Karlstadt/Main, Tel. (09353) 558, Tx 689724

Alber, Josef, KG, Radolfzeller Str. 13, 7768 Stockbach/Baden, Tel. (07771) 2023

Alron Sport GmbH, Schulweg 4, 7900 Ulm, Tel. (0731) 54500

Blanz, J., GmbH, Sportplatzstr. 50, 8318 Bodenkirchen

Phönix-Maschinen- u. Apparatebau GmbH, Desco-Str. 10, 7510 Karlsbad 2, Tel. (07248) 1041-44

Schäfer-Werke GmbH, Sattelschränke, Postfach 1140–52, 5908 Neunkirchen-Pfannenberg, Tel. (02735) 71-262

Schöttstall, Hans Siegel, Kohlerstraße 5-7, 8874 Leipheim/Donau, Tel. (08221) 7777

1.2.6.3 Besonnungsanlagen

Burger, H. G., Im Nettetal 7, 5440 Mayen 14/Hausen, Roßmühle, Tel. (02651) 72046

Fütterer, Elke, Brünebrede 61, 4410 Warendorf, Tel. (02581) 61610

Leve u. Schmidt, Planungs- u. Ing. Büro, Oststr. 44, 4410 Warendorf, Tel. (02581) 61440

Staudinger, Eltro, Bahnhofstraße 37, 8311 Kronwieden, Tel. (08731) 2973

Weinsberger Solargesellschaft W. Stendel GmbH & Co., Schwabstraße 22, 7102 Weinsberg

Witte, Heinz, Gildehauser Weg 63a, 4460 Nordhorn, Tel. (05921) 16146

1.3 Silos

ABS Anlagen Bau-System GmbH, Hanselmannstraße 7, 6960 Osterburken, Tel. (06291) 8547, Tx 74248

Behrens, Helmut, Worries-Kunststoffglas, Böningskamp 19, 4423 Gescher, Tel. (02542) 4540

Dameco GmbH, Büsumer Straße 80, 2370 Rendsburg

FLEX-Technik, Klaus Vowinkel, Schröttinghauser Str. 291, 4800 Bielefeld 15, Tel. (05203) 7375

Graepel, Friedrich GmbH & Co. KG, Friedrich-Graepel-Damm, 4573 Löningen, Tel. (05432) 2047, Tx 944325

G. T. Geräte-Technik, Schering Weg 17, 6966 Seckach

Krause, Walter, GmbH, Postfach 29, 7121 Walheim, Tel. (07143) 3871

Laake Stalltechnik GmbH, 4453 Langen/Krs. Emsland, Tel. (05904) 515

Wienecke KG, Postfach 1548, 3490 Bad Driburg, Tel. (05253) 4940

1.4 Ballenförderer

Acker, Peter, Meinzer Str. 106-110, 6509 Gau-Odernheim, Tel. (06733) 220

Baas-Technik GmbH, Industriestr. 39, 2000 Wedel, Tel. (04103) 8031

Dameco GmbH, Büsumer Straße 80, 2370 Rendsburg

Dreyer, Heinrich Wilhelm, Diademstraße, Postfach 1229, 4515 Bad Essen 1-Wittlage, Tel. (05472) 846

Feldmeier & Wiewelhove, Orkotten 5, Postfach 146, 4404 Telgte, Tel. (02504) 2071

G. T. Geräte-Technik, Schering Weg 17, 6966 Seckach

Gruse, August, Debbetweg 32, Postfach 127, 3251 Aerzen 2, Tel. (05154) 8801

Hinghaus Maschinenfabrik GmbH, 4804 Versmold, Tel. (05423) 7644 u. 7444

Lengerich v., Bernhard, Postfach 1154, 4448 Emsbüren, Tel. (05903) 318

Westeria, Berhard Westbrock, Dorf 49, 4404 Telgte-Westbevern, Tel. (02504) 8121

Wienecke KG, Postfach 1548, 3490 Bad Driburg, Tel. (05253) 4940

WIRA-Maschinenbau, W. Rabenstein, Auernhofen, 8701 Simmershofen, Tel. (09848) 310

1.5 Futterautomaten

ABS Anlagen Bau System GmbH, Hanselmannstraße 7, 6960 Osterburken, Tel. (06291) 8547, Tx 74248

Adelmann GmbH, Postfach 1150, 8782 Karlstadt/Main, Tel. (09353) 558, Tx 689724

Futterbox '81 TeGe, Salzufer 13, 1000 Berlin 10

Graepel, Friedrich GmbH & Co. KG, Friedrich-Graepel-Damm, 4573 Löningen, Tel. (05432) 2047 Tx 944325

G. T. Geräte-Technik, Schering Weg 17, 6966 Seckach

Laake GmbH, 4453 Langen/Krs. Emsland, Tel. (05904) 515

Staudinger, Elektro, Bahnhofstraße 37, 8311 Kronwieden, Tel. (08731) 2973

Wienecke KG, Postfach 1548, 3490 Bad Driburg, Tel. (05253) 4940

1.6 Einzäunungen

Artemis, Kautschuk- u. Kunststofftechnik, Rothwiese 4, 3000 Hannover 73 (Gummigurte)

Fink Stallbau, Kühnhardt 27, 8805 Feuchtwangen

Günther, Raymund, Schloßstraße 2, 5277 Marienheide/Gimborn, Tel. (02264) 7468, (02266) 7006

Hoffmeister, Silscheder Straße 89, 4322 Sprockhövel, Tel. (02322) 10290

Horizont Gerätewerk GmbH, Homberger Weg 4-6, 3540 Korbach

Jünck GmbH, Gemenwirthe 12, 4280 Borken 1 (Gummigurte)

Krähe, I., Hof Kleine Hardt, 4134 Rheinberg 4/Budberg (Gummigurte)

Meyer, J., GmbH & Co. KG, Hellwecker Weg 11, 5950 Finnentrop 1, Tel. (02721) 70652, Tx 875158 (Zaunherstellung - Imprägnierwerk)

Phönix-Maschinen- u. Apparatebau GmbH, Desco-Str. 10, 7510 Karlsbad 2, Tel. (07248) 1041-44 (Holzzäune)

Ruhr, Günther, KG, 5376 Nettersheim üb. Bad Münstereifel, Tel. (02440) 711

Utina-Zaungeräte und E-Zäune, Elisabeth-Str. 72, 2420 Eutin, Tel. (04521) 4081-82

Wahlers, M., 2723 Westeresch 6 (Gummigurte)

Westfalia Werkzeuge GmbH, Postfach 24, 5800 Hagen, Tel. (0231) 808116

1.7 Akustische und optische Stallkontrollgeräte

Futterbox '81 TeGe, Salzufer 13, 1000 Berlin 10

Horizont Gerätewerk GmbH, Homberger Weg 4-6, 3540 Korbach

Kegel, Werner, GmbH, Postfach 1368, 4540 Lengerich, Tel. (05481) 2434 (Wächtomat)

Schriever, Robert, Klostergut Wenau, 5163 Langerwehe, (Super-Dandy, Kopfriemen)

Staudinger, Elektro, Bahnhofstraße 37, 8311 Kronwieden, Tel. (08731) 2973

Videocommerz-GmbH, Binsbarg 5, 2000 Hamburg 54, Tel. (040) 545675

2. Reitplatzböden/Reithallenböden

Dormit international, Herrlichkeit 27, 4179 Weeze 1, (Tretschicht aus Hartholzspänen), Tel. (02837) 8255

Händeler, C., Winchenbachstr. 10a, 5600 Wuppertal, Tel. (0202) 640962 (alle Techniken und Materialien)

Humobakt, Rindenverwertung KG, Hauptstraße 50, 8452 Hirschau, Tel. (09622) 1043, (Tretschicht aus Baumrinde)

Westdeutsche Quarzwerke, Dr. Müller GmbH, Kirchhellener Allee 53, 4270 Dorsten, Tel. (02362) 23601

Krüger, Willi, KG, 4030 Ratingen 6 (Hösel), Tel. (02102) 68640 (Tretschicht aus Lederspänen, nur für Hallen)

KSW GmbH & Co. KG, Carl-Ronning-Str. 1, 2800 Bremen 1, Tel. (0421) 313943 (Kunststoffmatten zur Trennung von Tretschicht und Tragschicht)

3. Hindernisse und Hindernismaterial

Adelmann GmbH, Postfach 1150, 8782 Karlstadt, Tel. (0 93 53) 558, Tx 689724

Aluteam Sport- und Freizeit GmbH, Postfach 1160, 5440 Mayen, Tel. (0 26 51) 40 10 (Hindernisse aus Aluminium)

Dolce Reithindernisse, Georg-Aug.-Zinnstr. 73, 6114 Groß-Umstadt, Tel. (0 60 78) 55 61

G. T. Geräte-Technik, Schering Weg 17, 6966 Seckach

Fink Stallbau, Kühnhardt 27, 8805 Feuchtwangen

Hahn-Hindernisse, Alt-Oberliederbach 6, 6237 Liederbach, Tel. (06 11) 31 36 07, Tx 412466

Kletzl, Heinrich, Wasseracker-Str. 12. 5230 Mattighofen

Mage Sportzubehör, Gut Horst, 5060 Bergisch-Gladbach 4

myrtha (Spring-Parcours aus Kunststoff), Auweg 32, 8400 Regensburg, Tel. (09 41) 5 40 36

Rawie, A., GmbH & Co., Postfach 3529, 4500 Osnabrück, Tel. (05 41) 12 50 81 (Einlaßschranken für Springplätze)

Rothenberger Hindernisbau GmbH, Wehmerhorststr. 86, 4986 Rödinghausen 1

Schlüter u. Sohn, Kirchfeld-Str. 82, 4000 Düsseldorf, Tel. (02 11) 37 86 54

Tönjes, Hermann, Bremerweg 10, 2872 Hude, Tel. (0 44 08) 10 61-3

Wenig, Bernhard, Kleine Reihe 21, 3370 Seesen/Harz, Tel. (0 52 81) 19 95, Tx 957428

4. Maschinen und Geräte für die Pferdehaltung

4.1 Manuelle Transportfahrzeuge incl. Futterwagen

Adelmann GmbH, Postfach 1150, 8782 Karlstadt/Main, Tel. (0 93 53) 558, Tx 689724

Agria-Werke GmbH, 7108 Möckmühl/Kr. Heilbronn/N.

Goldstar GmbH, Postfach 127, 2952 Weener Ems, Tel. (0 49 51) 35 35

Graepel, Friedrich, GmbH & Co. KG, Friedrich-Graepel-Damm, 4573 Löningen, Tel. (0 54 32) 20 47, Tx 944325

Phönix Maschinen- u. Apparatebau GmbH, Desco-Str. 10, 7510 Karlsbad 2, Tel. (0 72 48) 10 41-44

Sommer, Egon, Pagenstecherstraße 146, 4500 Osnabrück, Tel. (05 41) 6 23 76

Schöttstall, Hans Siegel, Kohlerstraße 5-7, 8874 Leipheim/Donau

Schwarz, Ernst, GmbH, Roggenkamp 2, 4804 Versmold

4.2 Haferquetschen

Adelmann GmbH, Postfach 1150, 8782 Karlstadt/Main, Tel. (0 93 53) 558, Tx 689724

Dameco GmbH, Büsumer Straße 80, 2370 Rendsburg

Graepel, Friedrich, GmbH & Co. KG, Friedrich-Graepel-Damm, 4573 Löningen, Tel. (0 54 32) 20 47, Tx 944325

Heger, Maschinenfabrik GmbH & Co. KG, Zaberstraße 26, 7033 Herrenberg

Oehler, H., Import-Export, Windschlägerstraße 107, 7600 Offenburg

Phönix Maschinen- u. Apparatebau GmbH, Desco-Str. 10, 7510 Karlsbad 2, Tel. (0 72 48) 10 41-44

Sommer, Egon, Pagenstecherstraße 146, 4500 Osnabrück, Tel. (05 41) 6 23 76

Wieneke KG, Postfach 1548, 3490 Bad Driburg, Tel. (0 52 53) 49 40

4.3 Stall- und Bahnschlepper und Planiergeräte

Agria-Werke GmbH, 7108 Möckmühl/Kr. Heilbronn/N.

Gehl GmbH, West Bend U.S.A., Boschweg 6, 4401 Everswinkel 1

Goldstar GmbH, Postfach 127, 2952 Weener/Ems, Tel. (0 49 51) 35 35

Phönix Maschinen- u. Apparatebau GmbH, Desco-Str. 10, 7510 Karlsbad 2, Tel. (07248) 1041-44
Winter-Gerätebau, Wehrdaer Straße 141, 3550 Marburg/Lahn, Tel. (06421) 82852 (Planiergeräte)

4.4 Pferdeführanlagen

Adelmann GmbH, Postfach 1150, 8782 Karlstadt/Main, Tel. (09353) 558, Tx 689724
Aluteam Sport- und Freizeit GmbH, Postfach 1160, 5440 Mayen, Tel. (02651) 4010
Jünck GmbH, Gemenwirthe 12, 4280 Borken, Tel. (02861) 3000
Kronseder GmbH, Industriestraße 12, 8313 Vilsbiburg
Phönix Maschinen- und Apparatebau GmbH, Desco-Str. 10, 7510 Karlsbad 2, Tel. (07248) 1041-44

4.5 Hochdruckreiniger

Epple, Friedr., Industrie-Str. 3, 6943 Mörlenbach
Goldstar GmbH, Postfach 127, 2952 Weener/Ems, Tel. (04951) 3535
Kopf, H., Schnellinger Straße 76, 7612 Haslach
KEW-Hochdruckreiniger, H. Alfers, Siemens-Straße 2, 4403 Senden, Tel. (02597) 411
Lister GmbH, 5880 Lüdenscheid
Mecklenburg GmbH, Bremer Straße 42, 4400 Münster, Tel. (0251) 661809
Oertzen v., Arndt H., Ferd.-Harten-Str. 10, 2071 Ammersbeck 1,
Westfalia Werkzeuge GmbH, Postfach 24, 5800 Hagen, Tel. (0231) 808116

4.6 Elektrische Putzgeräte

Alron-Sport, Schulweg 4, 7900 Ulm-Mähringen, Tel. (0731) 54500
Hitachi, Helmut Koenen GmbH, Weiherstr. 47 a, 4060 Viersen, Tel. (02162) 18567
Hümmer, K., Holzstraße 24, 8510 Fürth, Tel. (0911) 773673
Kreutzfeld u. Gregor GmbH, Hungenbach 6-8, 5067 Kürten, Tel. (02268) 1591
Oertzen von, Arndt H., Ferd.-Harten-Str. 10, 2071 Ammersbeck 1
Stengele-Betriebe, 7776 Owingen, Tel. (07551) 62771
Schriever, Robert, Klostergut Wenau, 5163 Langerwehe
Wittmann, K. u. H., Sulzburger Straße 43, 7800 Freiburg

4.7 Elektrische Insektenvernichter

Club-Kraftfutterwerke GmbH, Ferdinandstr. 18, 2000 Hamburg 1, Tel. (040) 3288-1, Tx 2162666
Utina-Elektrotechnik GmbH, Elisabeth-Str. 72, 2420 Eutin, Tel. (04521) 4081-82

4.8 Elektronische Luftentkeimung

Bentax, Ingenieurbüro für Bioklimatik GmbH, Münsterstraße 477, 4000 Düsseldorf 30
Bioklimatik GmbH, Rodenberger Allee 30, 3053 Bad Nenndorf, Tel. (05723) 5110

Schöttstall-Einrichtungen erhalten Sie auch in Österreich und in der Schweiz. Gerne nennen wir Ihnen die zuständigen Repräsentanten.

schöttstall
LEIPHEIM
☎ 08221/7777

Fordern
Sie unsere
Prospekt-
mappe an, auch
wenn Sie Zube-
hör brauchen.

**Schöttstall
Postfach 1144
8874 Leipheim**

SH
Systembau-Hallen

Hallen für alle Zwecke

System-Ing.-Holzbau GmbH

2724 Ahausen · Tel.(0 42 69) 55 53 · Telex 02 4347

FUCHS

Stall–einrichtungen

traditionell qualitäts-bewußt

Johs. Fuchs KG Maschinenfabrik

7257 Ditzingen 1

Postfach 1340 · Telefon (07156) 351-0
Telex 07-245241

WQD REITPLATZ-BODENFÜLLUNG

für offene und gedeckte Reitanlagen
entsprechend den „Orientierungshilfen 1977" der FN Warendorf

— Tretschichten mit Feuchtigkeits-Stabilisator a k o n i t o s —
— Tragschichten und Unterbauten —

WESTDEUTSCHE QUARZWERKE DR. MÜLLER GMBH

Kirchhellener Allee 53 · 4270 Dorsten
Postfach 680 · Telefon 0 23 62 / 2 36 01 · Telex 08 29 700

Wir liefern nicht nur, wir beraten Sie auch!

Kirschner-Reithallen

Wir liefern individuelle Bauten für höchste Ansprüche und Standard-Hallen. Rohbaufertig. Oder komplett. Zum garantierten Termin. Und zum garantierten Preis. Verlangen Sie unseren Prospekt!

Baugruppe Kirschner
Münsterstraße 200
4408 Dülmen i. W.
Telefon 02594-131